CHANGWAN
YI REN GONG SI

畅玩一人公司

用个人品牌创造理想的工作方式及事业地图

于为畅◎著

SPM 南方传媒 | 广东经济出版社
·广州·

图书在版编目（CIP）数据

畅玩一人公司 / 于为畅　著. -- 广州 : 广东经济出版社, 2025. 5.
ISBN 978-7-5454-9531-7

Ⅰ. F272

中国国家版本馆CIP数据核字第2025PA5261号

版权登记号：19-2024-285

责任编辑： 陈念庄　李　璐
责任校对： 朱敏红
责任技编： 陆俊帆

畅玩一人公司
CHANGWAN YIREN GONGSI

出 版 人： 刘卫平
出版发行： 广东经济出版社（广州市水荫路11号11～12楼）
印　　刷： 广州市豪威彩色印务有限公司
（广州市增城区宁西街新和南路4号）

开　　本： 880mm×1230mm　1/32　　**印　　张：** 9.5
版　　次： 2025年5月第1版　　**印　　次：** 2025年5月第1次
书　　号： ISBN 978-7-5454-9531-7　　**字　　数：** 200千字
定　　价： 70.00元

发行电话：（020）87393830
如发现印装质量问题，请与本社联系，本社负责调换

前　言

我为什么选择一人公司

从大学时自办网站开始，我就认定互联网是我一辈子要从事的行业，我幻想有天无论身处世界上任何一个地方，只要能上网，就可以完成自己的工作，自由自在，不受时间、地理位置的限制。回到现实，从事了十几年互联网工作，我还是必须走进办公室。当业务拓展时，我依然遵循传统的方式招募员工，训练及管理他们，渐渐我的工作不再是我最爱的“互联网”，而是人事管理。雪上加霜的是，今天的职场已难以找到高忠诚度的员工，他们追求规模更大、福利更好的公司，只要有这种机会出现，他们就会离你而去，顺便带走你苦心栽培的一切，然后你又陷入必须再次训练新员工的循环。我花很多时间做这些事，却没有累积好效益，员工管理不易，员工流动率又高，公司效益好的时候增加雇员，公司效益差的时候把员工晾在一边，还要找事情给他们做，裁员又于心不忍，这带来了无形的压力。

自行创业后，某年业务量大增，我又开始依照过去的方法管理。但我创业的初衷，是想创造更多自由，怎么有了员工之后，反而失去了自由？我从事互联网行业本是想摆脱去办公室的限制，但若不去办公室，员工就会做自己的事，逼我重返办公室，这不是很可笑吗？于是我决定不再雇员工，不再追求快速成长。“一人饱，全家饱。”我就慢慢来，做我最爱的互联网工作。我认清自己不是一个好的经理人，我不喜欢做行政管理等“非互联网”的事。自从三年前转做一人公司后，我才获得真正的自由，生意好时就外包，或不接；外包若合作愉快则下次再来，不愉快则拜拜，无须付出多余的时间、金钱和精力成本，没有人情压力，也没有被迫快速成长的压力。经过这么多年，我发现这才是我要的工作方式，找回大学时代那种初遇互联网的悸动。

看完保罗·贾维斯写的《一人公司：为什么小而美是未来企业发展的趋势》（后简称《一人公司》）之后，我才知道原来全球正不约而同地兴起“一人公司运动”。一人公司常被误会是字面上的意思，其实它传递的是一种精神，并不是说不能请助理或雇员工。英文名词solopreneur，也就是

“一人创业家”，具有类似的意思，其定义就是“一人独资，自己掌控，并保持最少员工运营的事业体”。一般的创业家可能整天在外抛头露面，拓展人脉，寻找资金或合作伙伴，一人创业家也可以做这些事。一人公司是“校长兼撞钟”，我个人倾向把时间花在创作和研发产品上，若有好产品，借助网络可以带来人脉、资金或合作机会。我现在不会急着找员工，一律以外包优先，现在应该没有什么外包或工具不能解决的工作。我并不急着扩编或成长，宁愿慢慢来，尝试保持工作和生活间的平衡。

一人公司并不是兼职创业，而是全心投入自己的事业。高风险、高报酬，同样身为工作狂的话，自己创业的报酬还是比兼职工作要来得高的。一人公司没有要讨好的老板，没有耍心机的同事，也没有要操心的员工，可以全心全意做自己爱的事业。保持自主，同时也有弹性。我可以找不同的人合作不同的好玩专案，没有员工要管理或督促，大家都自我管理，互相支援，形成一个共生共存的创业家社群。

一人公司因为只有一人做决定，看到新机会可以灵活地跟随潮流变化，想转型就随时转，无须跟股东、合伙人、员工交代，对于喜爱掌控一切的人来说节奏干净明快。不过也因为要全权负责，你可能永远处于“待机中”。

经营一人公司还必须熟悉云端工具的运用，其中“自动化”及“外包”是两大关键，而且做的事情必须要有累积效应。我工作的最高准则就是“Work less, make more”。年纪越大，工作越少，但赚得越多——这可能吗？当然可能，因为互联网让所有的专业知识都可以被数字化、规模化、自动化，这“三化”就像魔法，可以将任何“传统的石头”点为金子。

另外，如果一人公司拥有自己的网页和产品，就可以有多个被动收入来源。例如将网站流量转换成广告收入，或将自动排程发出的E-mail转换成线上课程的报名链接。互联网并不是一个产业，而是一个工具，各行各业的人都可以学习并掌握这个工具，将知识变现。科技的发展让机器人取代了许多职业，而且越来越多，也许某天我们的同事或员工都是机器人，现在只是过渡期。举例来说，聊天机器人（chatbot）可取代客服人员，E-mail自动化是开发客户的秘密武器，可取代发传单的业务员。

综上所述，若要我对一人公司下定义，我会说它是以最精简实用的方式追求利润最大化，同时将人事管理压力最小化的事业体。对比我之前在职场上的经历，这真是最适合我的商业模式了。

许多一人公司都在平行成长中，就像我慢慢建立起来的创业家社群，大家平常各做各的，有专案合作时会交流一下，每个人都是自己的老板，专业能力和野心都比一般人强。我相信这本书能让更多新世代的自由工作者紧跟时代趋势，活出更好的自己。

目 录

PART 1

追求财富 同时保有自由

PART 2

练习成为创作者的基本功

PART 3

运用个人品牌打造一人公司

PART 4

优化一人公司的产出内容

PART 5

营销个人品牌的制胜关键

PART 6

最高经营目标——培养铁粉社群

结语

PART

1

追求财富
同时保有自由

1 外商总经理变成“数字游民”

创业的原因有千百个，我创业也有数十个原因。

我从大学时期就开始阅读跟创业相关的书籍，看多了难免产生一种错觉，以为创业很容易，时时刻刻都想着做生意。出国时看到物美价廉的商品，就想进口来销售；想每年举办圣诞晚会，卖门票给朋友；吃到美味惊人的蚵仔面线，还开口跟老板要配方（人家怎么可能会给）；等等。我也曾写过好几份不同行业的创业企划书，有运动餐厅、鸡翅专卖店、网络信用平台等。总之我年轻时看待所有事情都以商业眼光，小打小闹之余也让我赚了一些生活费。

纵使满怀沸腾的创业雄心，但身体还是很诚实地走保守路线。进了几家公司打工，过着朝九晚七的上班族生活，期盼着每月的发薪日和节假日。但也因为上班时过于安逸、没能发挥才能，我心中的创业欲望一直没熄灭，反而随着自己逐渐见多识广，越烧越旺。

最正式的一次创业是我与友人合作开发运动网站，我带着详细的企划书和华丽的简报，借车开去竹北一家运动经纪公司，独自一人面对老板和主管共10个人做简报，寻求他们的投资。他们问我想要的金额，我说“500万元”①，从此再也联系不上他们。

正当我在家中枯等的时候，澳商EmailCash的老板问我要不要去面试，他给了我一个条件很好的offer（录用信），而且重点是他第二天就要飞回澳大利亚。我问他“那我要做什么”，他却说：“你自己看着办吧，什么对公司好就做什么。”第一天上班，在他帮我承租的小办公室里，我顿悟：咦？这不就像在创业吗？

我这一做就做了6年多。

运营EmailCash网站满足了我部分的创业欲望，直到我有了女儿，思想才开始转变。当时的我32岁，职位是中国台湾区总经理，虽然公司规模小，员工不多，但好歹也是外企，母公司在澳大利亚也算小有名气。我已经实现“钱多事少离家近”好几年，但我坐在自己的小房间，员工都跟我有疏离感，我不敢去茶水间，怕听到他们说我坏话。当时，我想：我的人生还有其他可能吗？刚好那时认识一些博主，知道他

① 本书“元”均指新台币。

们生活得不错，我自己也出版了《部落客也能赚大钱》（作者于文强，后改名为于为畅）一书，顺势开了同名课程，很多观念理论上可行，但我教得很心虚，因为我并没有相关的实际经验。所以我的创业魂再度觉醒，想要自己先实践，再去教别人。

我创业的第一年，连续写了365天的博客，努力增加自己的曝光度。同时担任几家公司的营销顾问，加上偶得的课程收入，勉强维持生活开支。第二年渐入佳境，我持续写博客，开始有厂商找我配文。第三年，之前的旧客户换到大公司，找我去做博主营销，让我新增了博主经纪的收入，赚取每个案子的差价，此时我的收入已经超过我原本在EmailCash的收入。

也许大部分的创业者，都有像我这样"先下再上"的收入曲线，头两年很辛苦，然后渐入佳境，这佳境是因为之前的某些付出得到了回报，我们也不太确定具体是哪个，所以都归功于运气好。云霄飞车很好玩，因为很刺激，开公司当老板也是一样，每天都活得战战兢兢。但也因为这样，创业者的头脑非常sharp（敏锐），懂得迎合时势和把握机会，因为只要一不注意、一松懈，他们马上就会面临财务危机。很多上班族一退休，就完全失去工作能力；但很多创业者年过七十还生龙活虎。所以我真的觉得创业者是把生活过到极致的一群人，也出于这个原因，我决定把余生奉献给我的事业，不再为别人工作。要么赢，要么输，但至少一切掌控在自己手上。

以上就是我的职业转换故事，提供给读者参考。对了，如果你仍犹豫不决，还有一件事可以做，就是多看看别人成功转换职业的故事。当你看得够多，也许就会产生一种感觉，让你有冲动和勇气去尝试在人生地图上跨格前进，就算最终没有成功，发现这是一场美丽的误会，但你在这过程中看到的不同风景仍是美丽的，不是吗?

2 当上班族的风险远比创业者高

在很多人的认知里，创业的风险比上班来得高，但大家真的有去验证过这个说法吗？

我当过上班族，也当过创业者，而且这两种经历都不止一次，我对此说法非常质疑。随着年纪增长，认识越来越多的创业者朋友，当然上班族朋友也不少，我的态度慢慢从质疑变成了反对，我发现创业者并不是爱拥抱风险，他们更像是爱管理风险。现今的职场文化、生活方式、社会风气和网络科技都在变，我认为两者之间的关系应该是这样的：

上班的短期风险比较低，但长期风险比较高；
创业的短期风险比较高，但长期风险比较低，因为可控。

当我们把时间因素加进去，例如10年，你就会发现当上班族的风险不比创业来得低，因为10年后，你的体力、技能甚至热情都将退化，如果你是上班族，你有极高的风险被性价比更高的员工取代。站在公司经营追求利润最大化的角度来看，没有人是不可替代的。你的失业风险会随着年龄递增，也就是说，当个上班族（别人的员工），时间对你是不利的，它不是你的朋友，你的价值不会随着时间增加。创业呢？恰恰相反，你的资产会随着时间流逝而累积，你各方面的技能会得到快速打磨，一旦经营上了轨道，你的价值会越来越高。

你也许不同意这个说法，会反驳说高级主管的价值还是会随时间增加的。当然，凡事都有例外，但能步步高升的人只是少数，不一定会是你。况且我还没提及那些“办公室政治”，它们会给你带来工作以外的压力，让你感到不自在。同时你将面对未来AI员工的竞争，机器学习（machine learning）正以倍数的速度在进化，科技不仅会取代很多工作岗位，而且会比预期更快。又或者会出现如新冠疫情之类的“黑天鹅”事件，若你没有任何准备，措手不及的窘境会将你陷于痛苦之渊——那时你可能已步入中年，除了上班所需的技能，你不会其他的生存方式，也跟不上时代的节奏……这在我看来，明明风险就比较高啊！

（1）你可以不创业，但一定要有创业者精神

我坚信每个人都拥有创业精神，都能把自己当作“一人公司”来经营。为什么？因为全世界只有你最在乎自己的职业生涯发展啊！也许你职业生涯发展的起始点是被别人雇用，但你必须同时开拓一条属于自己的路线，确保自己可以随时转换到创业路线。继续你的个人职业生涯旅程时，你必须做好周全准备。一旦有了这样的觉悟，工作心态就会彻底发生质变，你会变得只为自己工作，你所做的一切，都是为了未来自己的事业。

居“安”，更要思“危”。如果你是一个从未想过要创业的上班族，热爱你目前的行业、公司、老板或分内工作，不如想象若有一天你老板卷款潜逃，再也没有班可上，隔天你要做什么？举牌抗议吗？

如果你是个不开心的上班族，那事情就更容易了，我常戏称，对那些苦闷的上班族而言，办公室就像监狱，他们应该要有“越狱计划”。就像电影演的一样，你应该开始“挖掘地道”，每天默默地“挖”一点点，直到通往自由的地面为止。重点是，你若不爱这份工作，为何要为了钱委屈自己，每天都活得不开心呢？

保罗·贾维斯在《一人公司》中写道：“一人公司是

一种趋势，一种社会运动。”因为我们的生活方式正在改变，他提出一个新概念，叫作生活形态企业（lifestyle business），意思是我们应该先定义自己想要过怎样的生活，再以它为前提去建构出一份事业。传统的创业者会先想打造什么产品或服务，新一代的创业者则是反过来思考，把生活摆在工作之前，去打造一个符合自己生活方式的商业模式。

（2）创业不仅是为了钱，更是为了快乐

我认为创业者会比上班族更快乐至少有三个理由。

①快乐来自自我能力最大化。

当在大公司工作时，你只要做好分内的工作即可，这是优点亦是缺点，因为单一产业的单一技能会限制你把握住未来的机会，长远来说风险很高。当你决定创业后，你就开始挑战什么事都自己来，除了运用核心技能之外，你还必须同时掌握业务推广、营销、客户维系、财务、法务、客服等方面的知识和技能，这会将自己的潜能全部激发出来，促使你快速成为一个通才。虽然初期的摸索很辛苦，但你的能力会最大化地提升，能充分展现出最厉害的自己。我觉得，这才叫完整的工作经验，而且不管未来世界如何变，你的能力都

足以应对。

②快乐来自压力分散。

若你的快乐只来自每月的发薪日，其余每一天都必须忍受职场的不愉快，等于痛苦的日子多过快乐的日子。而且因为只有单一收入来源，无法说走就走，再多的委屈你也得吞下。这也是我认为多元收入能带来极大好处的原因，除了可能增加收入，把压力源分散才是重点。举例来说，同样月入5万元，一个老板每月给你5万元和你从五个地方各收入1万元，后者会让你的压力减少很多，也让你每一天活得比较快乐。

③快乐来自做真实的自己。

在大公司上班，你必须戴上专业的面具，特别是作为老板或高级主管，如果你本质是一个亲和搞笑的人，最好不要跟下属打成一片，你必须戴上威严的面具与他们共事，下班之后，再在其他人（非同事）面前恢复你搞笑的样子。也就是说，在职场上，“专业的你”和“真实的你”必须区分清楚。创立一人公司之后，没有老板的脸色要看，也没有对下属的威严要装，你可以任意做自己，不用每天都戴面具，这样不是比较快乐吗？

（3）上班族何时该转换跑道？

“转换跑道”并不是一件简单的事，不是“今天下定决心，明天就不去上班”这样的一刀切。理想上，它是一个过程，最好能无缝衔接，从老板发薪到自己给自己发薪，让你的现金流不至于中断。聪明的创业者不是“先创再想”，而是“先想再创”，这里的“想”包括观察市场、挖掘自身优势、精进自身技能等。在事业布局方面，认识业界人脉并搞好关系，因为他们可能是你的第一批客户；结交网络上的KOL，因为他们将有助于你开展营销；运用工具，例如学习做简报、拍视频；串联资源，例如与工程师、美编合作；还有就是我认为很重要的——分享专业知识。

什么是知识经济（knowledge economy）？主要就是生产及贩卖资讯，包括书、课程、会员服务、教练指导、顾问咨询等，这些业务都只需要你一人就能做。你必须尽快提高曝光度，让你的品牌（或新创品牌）得到足够的关注度，然后免费提供优质资讯，帮助目标客户解决问题，这是品牌能崛起的关键。

在正式创业前，你最好就已具备以上的条件，然后等待那关键的一刻——“压倒骆驼的最后一根稻草”。至于那是什么时候，笼统地说，是你心中发出呼唤之时；具体地说，是各项数据都在增长的时候，如网站流量、粉丝数量、视频观看人数、线下演讲邀约次数、网友咨询次数等。只要时机成熟，你就应该正式转换。从被雇者到自雇者，欢迎打开全新的地图，在这里你将体验大型开放世界的乐趣！（这是什么游戏广告？）

生活形态企业的实践家

保罗·贾维斯（Paul Jarvis）

保罗是一位网页设计师，其客户包括奔驰、微软等列入《财富》杂志世界500强的企业，过去20年他始终维持一人公司的经营模式，凭一己之力建立自己的线上事业帝国，总收入估计超过1亿元新台币。

他的版图包括四个线上课程、一个Podcast（播客）、一个博客、一家软件公司、两本实体书。他的著作《一人公司》我读了三遍，且从未漏掉任何一封他的每周电子报，电子报的内容的实用性和启发性相当高。同样是资深网络人、数字创业家、一人公司的拥有者，我把保罗当作我的偶像和引路人。除了他的软件网站服务之外，我买过他全部的数字产品，其中一个E-mail营销课程我也取得了中文独家代理权。从粉丝到读者，再到商业伙伴，这就是一人公司的高效率和弹性，它充满无限可能性。

3 从上班族到创业者，该如何准备？

你可能听过这样一句话：“伟大的事情都是从小步开始的。”那么，创立一人公司的“小步”是什么？

（1）先写先赢，天下无敌

我的建议是开始创作点什么（create something），实现固定产出，累积一些自己的作品。文字是最简单的入门方式，可以延伸出博客文章、书籍、课程简报、视频等，然后再包装成资讯商品。你的文笔好不好大家不知道，但能写出来就是好，不写出来就什么都没有。想证明自己的文笔好、会写、能写，唯一的方法就是写出来。文笔这个评价标准一直被严重高估，不是只有文学系的人才有权利写作，相信你的文笔从来不会输给任何一位博主或作家，他们赢过你的地方只有量，量多必中。你看见的都是中选的，就会误以为他们文笔好，殊不知他们的烂作大都没有问世。就像迈克尔·乔丹（Michael Jordan）所说，他投不进的球比投进的多很多，但量多必中，一旦中了，就是大家的偶像了。另一个关于文笔的迷思是，谁说文笔好就一定受欢迎？文学造诣太深奥，大部分人都看不懂。畅销书作者多用通俗的笔锋，因为通俗才够人性化，才接触得到大众，才能发挥最大影响力。我常说写博客是你创业的最小可行性产品（MVP），而一人公司则是最有效的创业。

通过专业的分享，帮助别人解决问题，你会开始累积观众（audience），当你拥有一定数量的观众，大约是1000名铁粉，你就可以推出商品，包括实体商品、线上课程、电子书、会员订阅内容等，尝试将影响力变现。这个过程从头开始估算，我预计是两年时间，也就是说，两年内，你不要指望赚钱，有最好，没有就当是付出，先尽全力把你的影响力拉起来，把愿意听你说话的观众聚集起来，跟他们培养信任关系，同时研发对他们有用的商品，然后在适当的时机卖给他们。

（2）个人品牌是你的创业加速器

个人品牌和一人公司有密切的关系。个人品牌依赖大量作品累积出来的知名度，所以不管是水墨画还是搞笑视频，拜科技进步所赐，能让更多人通过网络看到，这些关注度本身会产生经济效应，也就是注意力经济（attention economy），我们就可做出一番自己的事业。而个人品牌的企业化策略，我认为就是一人公司。

资讯泛滥成灾，关注度只会越来越分散，这对像我们这样的一般人而言其实是好消息，我们也许无法做出某些搞笑博主的娱乐效果，也很难达到一些大师的艺术境界，但我们仍然可以通过分享专业内容来吸引小部分人的关注，抓住知识经济的未来趋势。

在企业上班，公司品牌大于我们自己的品牌，当名片被拿掉后，你只是个nobody（无名小卒）。前文提到，最在乎自己职业生涯发展的只有你自己，所以我们不允许这样的事情发生。无名小卒做事没人看、没人在乎，若有天我们被迫创业，就会寸步难行。所以，如果说有一件事对我们一生的价值提升有帮助的话，那一定是发展个人品牌，这不但重要，而且急迫，因为不管你多厉害，一直默默无闻就什么都不是。有句话说："假如一棵树在森林里倒下而且没有人听见，那它有没有发出声音？"也许30年之前，资讯没这么繁杂，我们可以默默地做事，不为人知也会获得成功，但现在身处资讯洪流，你不发声就等于不存在，"时代逼我们要高调，从未管我们是否是低调的人”。我对发展个人品牌的领悟就是，这是一场决定生死的战争。

好消息是，每个人都有能力发展个人品牌，而且真实的你就是你的竞争优势，因为你的专业技能可以被复制，被取代，但你的个性、人格特色则永远不可能被复制和取代。真实的你是一人公司的竞争优势，让你更容易取得客户的关注，甚至提高售价。

对比在企业上班，我们是力求不犯错，大公司的品牌就像香草冰激凌，想讨好所有人，口味大家都可以接受，但就是平凡了点。你创立的一人公司则像哈密瓜冰激凌，有人喜欢，有人不喜欢，因为那股哈密瓜味能帮你区分出路人和粉丝。我们无须讨好所有人，我们只要做真实的自己，自然会吸引到同好，也就是说一人公司的个性展现，远比大公司的重要，也更强，这正是创立个人品牌的起点，就是同中求异的产品区隔。

若我们把“个人品牌”四字拆为“个人”和“品牌”，前者是你的产品，后者就是你的营销。我们都知道，营销的前提是产品要好，否则只会提前出局。我发现一个通则：在企业工作满10年以上的人，基本上产品面都不错。光我自己身边就有很多人才，但他们欠缺的是自我营销，他们甚至很会营销公司，但却忽略了营销自己，也许是自我信心不足。总之这是很可惜的事情。

这个世界需要更多的能人异士或好人好事被看见、被鼓励，才能形成社会的正面风气。如果能为自己也为别人贡献一份正向的力量，请务必考虑发展个人品牌，将这股正能量传递出去。

4 为什么要知无不言?

关于一人公司的书上常有“教你所知道的一切”（teach everything you know）的概念，我有一件T恤上面就印着这句话，是ConvertKit团队送我的，这句话是他们公司的口号之一。这要从ConvertKit创办人内森·贝瑞（Nathan Barry）的故事开始讲起。

2006年，内森·贝瑞还是一名博主，写一些关于网页设计的内容，他当时在看一个叫作克里斯·科伊尔（Chris Coyier）的博主的网站CSS-Tricks。他觉得他们两个人的水平差不多，成长进度也差不多，但为何克里斯敢在网站上自称专家？内森觉得他讲的东西都很基础。时间快进到2012年，克里斯在Kickstarter网站上举办了一个募资活动，项目是关于CSS-Tricks的改版，因为要专心改版，他有一个月时间不能接任何客户的专案，所以他算了一下该月的支出，需要3500美元，如果有人愿意赞助他的话，他就会给赞助者关于改版过程的教学视频，募资金额瞬间就冲破3500美元，最终总额高达87000美元！这一切内森都看在眼里，感到不可置信，为什么一个跟他水平差不多的人可以在募资活动上表现这么好？他和克里斯之间究竟有什么差别？于是他开始分析，最后被他找出端倪。

一般来说，专案网页设计的工作流程是：

确定案子→着手工作→提交作品→继续做下一个案子

内森本人就是这样做的。但克里斯在继续做下一个案子之前，会多一个步骤，就是把他在这个专案上所学到的东西，包括怎么想、怎么做、案例特色，全部在网站上分享给大家。这个流程也就是：

确定案子→着手工作→提交作品→分享所学到的一切→继续做下一个案子

每一个专案都这么做，一做就是好几年。这个差别帮克里斯累积了许多粉丝，而内森却总是做完就了事。

很多人学了新技能或有了点子，都会藏在心底或只跟亲朋好友分享。内森后来才知道，与其自己留着或是只跟朋友讲，不如写在博客上教大家。有些点子刚开始可能很烂，但慢慢被调整、更新，然后重来一次，就有可能变成创意强大的点子，最后可能会结集成书，变成可贩卖的商品。

有个职业更能证明这招是有效的，就是餐厅的厨师。知名的厨师会大方分享食谱，教你具体怎么做，还会自己请摄影师来拍料理的过程，把所有步骤、所用食材等透明化。你看了他们的教学，会不想在他们餐厅消费吗？那些知无不言的厨师通常都是生意最好的，他们服务的餐厅永远大排长龙。内森从来没看过任何一个厨师教大家料理之后却失业的，反而吸引了更多人注意。

后来内森创办ConvertKit，就把“teach everything you know”列为公司的标语，他为每位员工做了一个木牌放在桌上，随时提醒大家要大方分享。他建议的做法是找一个“核心焦点”（core focus），一边学，一边写出来，把自己至今学到的所有东西都分享出来，写在博客上给别人看。你找到了新的方法完成专案，就把方法写成博客文章，不管学得多或少，成功或失败，把它变成文章就会有参考价值。

这是你的核心，如果你能长久地一直做下去，观众的关注度就会被聚集，你就会累积粉丝，然后再将之变现，所以教你所知道的一切不仅是一件反映助人为快乐之本的事，事实上，它还是一个很好的商业策略，是在资讯泛滥的时代赢得关注最有效、最便宜的方法。

我认为教别人其实就是帮助自己，也是使个人进步最快的方式。这几年下来，我自己作为老师，也进步神速，因为这个头衔在无形中会给你进步的压力和动力，迫使你要走得比大多数人快。“因为你是老师、你是专家，才有资格去教别人。”如果你曾听过这句话，现在你知道它反过来说也是成立的：“去教别人之后，才会变成老师或专家。”也许一开始你没有很多学生，没有很多人听你说话，但就教你所知道的一切，这过程中你会变强，然后学生越来越多。

除了促进自我成长、快速集聚观众、培养健康心理外，树立专家形象后还有一大好处，就是企业家们也会听你的。企业家是一群上进心较强的人，因为他们从事的职业迫使他们快速成长。若有三种人去向他们提案，一是项目经理，二是美女业务，三是产业专家，他们最后会理性地选择听专家的。为了企业生存，他们必须听信权威。我很久以前在一篇文章《部落客应当是网络营销专家》中提过，想要有案子，就必须提高自己的身份。比企业老板更高的位置就是专家，要想他们把钱掏出来给你，只能是因为你懂得怎么做。

“教你所知道的一切”不是光用嘴巴说说，而是要身体力行。赶快盘点一下你会什么核心技能，然后毫无保留地将它们以文字或影音的形式分享出来，你会发现自己变得更强大，可以接受更多更有营养的资讯，然后一边分享，一边变强，进入一个有助于养成专家的良性循环。几年后，你会拥有一群铁粉，他们学会这些技能以后，也能“teach everything they know”。

慷慨的创造者事业创业家

内森·贝瑞（Nathan Barry）

内森·贝瑞是博主、作家及ConvertKit的创办人。在我的许多“创业家偶像”中，他肯定位列我心中的前三名！他的座右铭是“teach everything you know”。光在他的博客就可以看到他记录了所有事业及人生中的重要时刻，并且毫不藏私地分享了他的观念、策略和技法。

创办ConvertKit之前，他的一人公司已经很成功了，他是一位借助网络平台贩卖数字资讯的创作者。我第一次看到“创造者事业”（creator business）一词，就是在内森这边看到的。什么是“创造者”？一个创造者可能是博主、作家、YouTuber、诗人、画家、音乐家、厨师、设计师、教师、编剧、手工爱好者等，所有可以自己创造东西的身份或职业都可以。而将你创造出来的东西，通过网络贩卖出去，用以维生或是成为致富的事业。ConvertKit的存在正是为了帮助创造者在网上谋生。公司月营收已高达1800000美元。

内森对于ConvertKit有三大目标：创作者总收入达10亿美元、用户数量达25万和公司年收1亿美元。三个目标都定得非常高，但公司的发展真的逐渐在朝目标靠近中。

公司有三句重要标语，分别是：

- Teach everything you know（教你所知道的一切）

创办人自己就是这样成功的，也鼓励员工教他们所知道的一切，帮助客户受益。

- Create every day（每天都要创作）

创作让每一天丰富，团队的每一位成员都是创作者，一起撸起袖子打造产品和完善公司，他们相信只要每天持续地进步，就会带来惊人的效果。

● Default to generosity（永远保持大方）

大方地对待顾客，做得比业界标准高。对待客户、合作伙伴、同事和社群的方式，要一如我们自己希望被对待的方式。内森是少数白手起家的创业家，公司不在硅谷，员工远程上班，公司营收仍持续飞快增长，可说是我心中网络创业的典范。而且他一路走来总是公开透明，即使已经如此成功，仍然每天创作。他说："退休不会让我开心，创作才会。"

5 世界上最好的工作

如果有人说一份好工作的标准就是“钱多事少离家近”，我觉得这只是理想的工作，称不上是最好的工作。我心中最好的工作，应该还要配一则下联，那就是“自由长寿受尊敬”。

“自由”是指不受时间、地点和心理压力的限制，这份工作不再需要朝九晚五，也不用进办公室，或到指定地点上班。此外，你想做也可以，不想做也可以，没有人给你施加“必须这样做”的工作压力。

“长寿”是指这份工作可以一直做下去，直到你80岁、90岁，甚至100岁都有可能，职业生涯非常长，而且不会被淘汰，也很难被科技取代。

“受尊敬”是指这份工作能获得社会认同，外界对于这个职业高度肯定，干这行越成功越有名，则能影响越多人，帮助越多人，社会的评价及民众心中的正面印象甚至能超越医师、律师等高门槛的工作。

大家觉得如此梦幻的职业是什么呢？我的答案就是作家。成为作家的方法有很多，而写博客是最有效率的一种。

作家身为自由工作者，几乎不受时间和地点的限制，随便在一家咖啡店把笔记本电脑打开就能开始工作，而且没有什么人能真正给你压力，就算是主编也无法让你不拖稿，毕竟只有你写得出来，没有别人或机器人能取代。

作家这份职业非常“长寿”，只要你会写字就可胜任，甚至不会写字也能用语音输入，若是成为人生赢家，用嘴巴说都会有专业人士帮你代笔。这份工作若从20岁开始，职业生涯可长达70年，一直写到八九十岁写不动为止（写不动了还可以继续用口述的方式）。另外一个“长寿”的原因，就是它不易被取代。想象一下若从30岁写到50岁（人称20年的黄金工作期），可累积多少个读者？每一部著作都会累积一些读者，写出自己独一无二的风格后，这些读者就很难离开你，新的一直来，旧的不离去，试问如此工作，别人要如何取代你？

医生是另一份受人尊敬的工作（其实护理人员也应该同等，但总是被忽略），大家遇到病痛时都会找他们来解决问题，但是再高明的医生，医术再精湛，一次也只能救一个人。讲师也是一份备受尊重的职业，可以影响很多人，但一次也只能影响一个班。作家则不一样，若能写出一本好书，其影响力不受空间的限制，可影响当代的所有读者，并且不受时间限制，一本好书万古流芳，能影响世世代代的人。一本经典巨著的作者，他的名号和地位隽永不坠，作家是最受尊敬的职业之一。

除了“钱多事少离家近，自由长寿受尊敬”以外，作家这份职业还有很多额外的优势，例如风险低、人身安全有保障、不需囤货、硬件设备要求低等。我认为这份职业还有一个无敌的优势，就是能做到生活即工作，你的生活经历可全部转换成你的写作素材，你的生活越丰富，你的创作就越精彩，每一天每一刻，你都在生活，但同时也在收集写作的素材和灵感，也就是说，你活着的每一天，都在干你的工作，而且都是可以变现的！你可以放肆地去享受生活，因为那可以让你的工作表现更好，借此形成一个良性循环，越活越好，越好你越富有，精神和物质上都富有，人活着不就是要追求快乐吗？试问还有什么职业可以达到如此境界？

热血过后，你一定会问——不对啊，当作家赚不到钱啊！第一个条件“钱多”就不符合了，怎么会是梦幻的职业呢？没错，现在当作家没以前好赚钱了，因为大家都不怎么买书，所以书市萎靡得厉害。当出版社没钱赚时，作家怎么可能靠卖书赚钱呢？

如果当作家也能变有钱，那么我关于“当作家是最好的工作”的观点就能成立吧？解决问题的第一步是发现问题，问题是“现在当作家赚不了钱”，但这是真的吗？纵使在现在越来越萎靡的书市，那些占据畅销书排行榜前几名的作者还是很赚钱的。只要书能狂卖，作者仍是可以致富的。

以上是传统的出书方式。拜网络所赐，每个人都可以是自媒体人，通过不断地创作内容吸引和集聚粉丝，然后就可以贩卖产品给他们，而这个产品当然可以是书。我曾经自费出版过一本书《网络强人会》，从封面设计、排版、印刷、装订、签名、营销到寄送样样都自己来，亲身走过完整的出书流程。因为这本书是我做自媒体的实验之一，所以最后我决定送出去，想要的人只需承担运费和处理费共80元。但如果今天我决定要卖，假设卖280元，扣除所有成本，每卖出一本我就净赚200元，保守卖3000本好了，就是60万元的净利润，这比在传统出版社出版多得多了。问题是你有能力自己卖出3000本吗？有没有可能？当然有！

书是一种资讯商品，同样传递知识的方式还有线上课程。我们以Hahow的线上课程为参考，一个好的资讯商品可以卖多少钱？有多少人买？点进“近期热门课程”，我们可以看到购买人数从500人到21000人不等。其中，阿滴的影音剪辑课程1800元，有超10000人购买。一门线上课程卖1800元，而一本书只卖280元，所以我定3000本的销售目标真的不为过。自行出版、自行贩卖最大的好处是可以累积经验和渠道，你尝试了，就算第一本书只卖出100本，但至少你有这100位读者的资料，你的第二本书不会从零开始。随着每一本书的成功销售，加上你用免费内容吸引到的新读者，一点一滴地累积，这事就会越来越好做，而且因为版权都在自己手上，买你第八本书的人也有可能回头来买你的第一本书，每一本书都是一份被动收入。想象一下，10年后，你的网站里有10本你的实体书（或电子书）在架上销售，到时候你要做的就是尽可能带流量进来，让他们仿佛走进书店，挑几本喜欢的书去结账。从营销面来说，你仍可以通过传统出版社或其他平台来卖书，跟他们拆账，但那真的只是营销所用。真正能取得高利润的方法是在自己的网站贩卖，因为是完全的独占，你也可以亲自做客服，维系与读者之间的感情。

你应该每年源源不绝地写新书或每季度写点短篇文章或

小说，然后卖给大众，这就像音乐人可以贩卖整张专辑，也可以贩卖单曲。知识能否这样卖？当然可以，我的完全订阅制不正是如此吗？这个之后还会再谈到。每份内容只要10元，篇幅精炼简短（但有力量），等到篇幅足够（其实早已足够），我就可以结集成书，就像音乐人贩卖整张专辑一样——这正是本书的核心内容。

6 网红行业是不是一个值得努力的行业？

前面我提到，世界上最好的工作是当作家，现在我想继续这个话题。要问还有什么好工作能够顺应未来发展趋势，什么行业能确保“现在做也不会落伍”“而且越来越轻松”，我的答案是成为“关键意见领袖”（key opinion leader，KOL）。不过KOL这词不太精准，好像只能提供意见似的。而“网络红人”（简称“网红”）呢？这也不太精准，因为我所指的不只在网络世界红，在现实世界也要红！虽然目前有很多词语，但都无法找出一个最精准的词语去定义我认为最好的行业，这些词语包括：

博主／网红／意见领袖／YouTuber／数字游民／SOHO族／自媒体创业者／斜杠创业者……

我还找不到一个职业名称能够统包以上这些工作，但至少在此篇文章内，我们暂时使用“网红”来代称。

每个行业从新手开始，努力再努力，都要好几年才能出头，成为该领域的翘楚。各行各业能出头的时间不一样，某些职业门槛非常高，例如：

- 大法官：15年
- 医师：7年（不包括实习）
- 机长：6年（要有足够的飞行时数）
- A级棒球教练：6年（要先干3年C级教练，再干3年B级教练）
- A级网红（博主/YouTuber/领域专家）：2年

在这么多职业之中，在网红这行只要两年就能出头，这两年内，不求回报地无偿分享，能写出多少好文就写多少好文，能帮助多少人就帮助多少人；尽可能地累积读者，建立观众群，这群愿意看你内容的人将会是你事业的根基，也是你内容变现的首批客源。不要觉得这很可耻，一点也没有，假设你花两年时间，帮助了1000人，而其中有一成的人想要知道更多，你就可以开始服务他们，给他们提供进阶的内容。把资讯都放在你的网站（或博客或YouTube频道）上，两年下来累积的资讯全部免费分享，应该会有蛮多（甚至看不完）的量，网络搜索方面也会有曝光，这就是打造个人品牌的起点，下一步则是设计商品，然后卖给想接触更多更好资讯的人。

你也许会问，网红的收入潜力有多大，会大过法官、医生、机长吗？我的答案是肯定的，在这行做到A级、做到业界指标、做到第一名的，收入一定是最高的，而且工作时间弹性且自由，工作量不大，压力还比较小（对比机长、医生的压力）。用数据来说，我估计一年收入是从300万元起跳，上至2000万元，至于要怎么样才能做到，各方面收入来源的比例分别是多少，例如网络广告、业配收入、讲师收入、著作收入、网友订阅、粉丝聚会等，则要视个人的时间分配而定。但如果能从流量变现到内容变现、专业变现，再到“浑身是案”的品牌变现，年收千万这个目标是可以实现的。

选择一份工作，除了要考虑收入多寡之外，还要评估包括自由度、压力大小、未来发展潜力、社会认同感等条件。另外我认为还有一个非常重要的点，但很少人会提到，就是这份工作能不能“越做越轻松，但维持一样的收入，甚至获得更高的收入”。你没听错，有没有可能越做越少，但是越赚越多，也就是“Work less, make more”。有这样的梦幻工作吗？有啊，就是网红（博主 / YouTuber / 领域专家）。

法官、医师、机长、高级主管有可能因为年资而加薪，但他的工作内容不会越做越轻松。当网红可能头一两年非常辛苦，但到了第10年、第20年，理论上会越来越轻松，而且收入够高。为什么会这样？因为有“观众红利”“粉丝利息”。越多人看你，你的价值越大，假设你每一年能赢得1000名粉丝，10年就是1万名；你第1年写1本书，最多只能卖1000本，你在第10年同样写1本书，字数可能还更少，但你可以卖给1万名粉丝。当你粉丝越积越多，你收入的潜力也会随之不断提升，而这一点，是其他行业没有的福利。这也是为什么各行各业都应该做个人品牌，拥有追随的粉丝，因为唯有这样，这份职业才有“时间加值效果”。一份工作若缺乏“粉丝”当靠山，那么它的可取代性是很高的。

当一份职业有了“时间加值效果”，这份职业才真正值得投入。为什么呢？因为人会越来越老，体力、精力、眼力都会慢慢变差，但支出部分却会越叠越高，所以一定要趁年轻的时候打好基础，最好的基础就是选择一份对的职业，然后全力投入10年、20年。

看到这里，你还不想赶快开始吗？

打破刻板印象的网红

莫莉·柏克（Molly Burke）

莫莉·柏克是加拿大籍超人气YouTuber、社会运动者和激励演说家，是千禧世代最具影响力的YouTuber之一。她因为支持盲人而得到地方性的YMCA（基督教青年会）和平奖，她的同名YouTube频道拥有超过180万订阅者，内容涵盖她的生活记录、彩妆教程和一些社会议题讨论。她表面上看起来是一个普通的年轻女孩，但其实她是个盲人，她的成名事迹鼓励了许多身障人士，让他们变得更坚强。事实上，她一点也不觉得自己有任何不足，她认为她跟其他YouTuber一样可以做到任何事：每周更新两次视频，内容真实又有趣，涵盖彩妆、穿搭、科技和与盲人相关的无障碍设施等方面。此外，她也会邀请其他知名YouTuber一起入镜。

莫莉公开分享她克服逆境和拥抱多样性的经历，选择挑战建立社群网站和拍视频，与她的粉丝建立情感联结。她相信每个人都有自己的力量，可在任何挑战中生存下来，并且学习如何从这些磨炼中茁壮成长。莫莉鼓励人们放下过去，以明亮的眼光展望未来（这是她一语双关的幽默）。她的目标是教育大众，激励他人，勇于追求幸福并实现自己的目标，即使在最黑暗的日子里也是如此。就像另一位身障激励者尼克·胡哲（Nick Vujicic）说的："你没有资格说放弃。"

虽然国内外媒体常报道一些YouTuber的丑闻或傻事，但只要有人可以像莫莉这样做良好的示范，当年轻人的榜样，让他们看清自己的能力，为自己的人生奋斗，这份职业还是可为社会带来正面意义。

想象一下，当YouTuber或Instagramer要展现出个性张扬、光芒四射的特质，但若你什么也看不见，这不是一种强烈的反差吗？所以每当你遇到生活的困难想要放弃的时候，就来看看莫莉的频道。既然她可以，你凭什么不行？

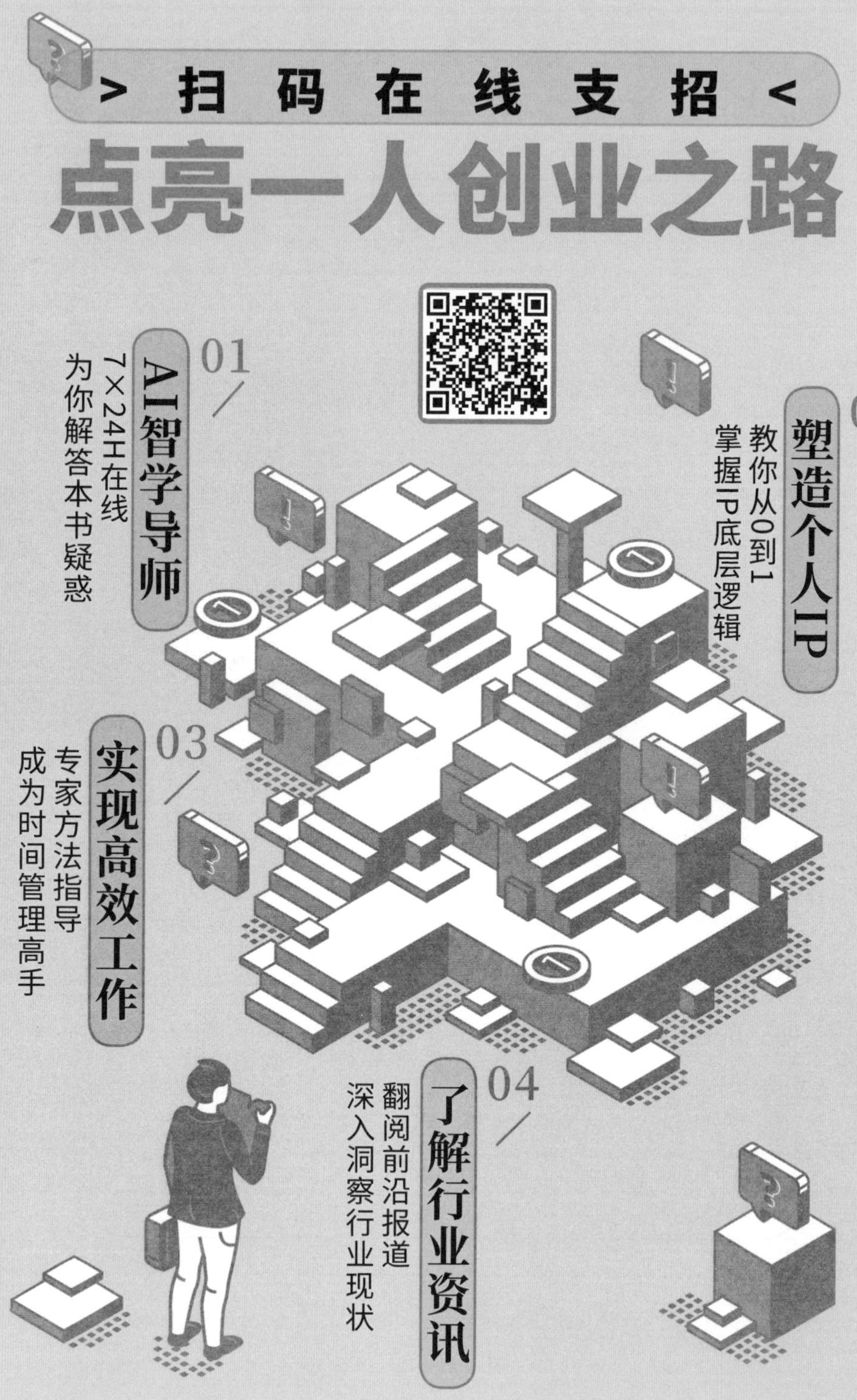

> 扫码在线支招 <
点亮一人创业之路
01
AI智学导师
7×24H在线
为你解答本书疑惑
02
塑造个人IP
教你从0到1
掌握IP底层逻辑
03
实现高效工作
专家方法指导
成为时间管理高手
04
了解行业资讯
翻阅前沿报道
深入洞察行业现状

PART

2

练习成为创作者的基本功

1 如何成为一个有创意的人？

创意有两部分：“想出来”和“做出来”。各位觉得哪个比较难？

大多数人可能会认为把创意做出来比较难，因为世上的点子这么多，能执行的才算数。这没有错，但对于大部分的人而言，我们并不是要达成像华特·迪士尼创造一个迪士尼乐园或像埃隆·马斯克造火箭上太空这样的创意实践。我们指的创意规模小得多，可能只是某产品的1%优化、一个新产品的雏形，或一篇好文章的题材而已。

因此，我认为“想出来”比较难。想得出来说明你熟悉自己的能力和产品，“做出来”只是时间和方法问题。身为创业者，找到方法不是难题。

每个人每天都会有许多想法在脑中涌现，“想出来”真正的困难是什么？我认为是点子的留存。

思绪是一条不停流动的河，有时平静，有时汹涌，当思绪泉涌而出、大量喷发的时候，如果你不赶快记下来，新的想法很快就将旧的覆盖掉，你可能会忘记一些，无法全记下来。假设你有10个点子依序喷出，只凭大脑的短时记忆，一般人只会记得第9个和第10个，前面的很可能就忘了。但也许真正好的点子是第1个或第2个，所以要赶快记下来，让这些想法持续流动，绝对不要高估自己的记忆力，否则最后就只记得最新的点子。

我再打个比方。你因为口渴去河边取水，但没带容器，只能用双手装，虽然漏了很多水，但仍然有喝到一些，口不渴之后你就忘了，于是下次口渴你又必须再重新找水源。但如果你有容器呢？容器比起手来不但不会漏水，而且还可以装满带在身上，想喝就喝。这个“容器”的意思就是把想法记下来。若你有这个习惯，你将永远不再像“口渴”般地肠枯思竭。

我们先回到本节标题，如何成为一个有创意的人？很多书籍或理论都会要你多看书，多自由联想，多触类旁通，这些方法都没有错。但我认为最困难的不在这里，而在你的“出水口”，我们不用成为一个有创意的人，因为我们其实已经是有创意的人了。但差别是你能留下多少点子。我们每天开车时、通勤时、洗澡时、休息时、坐在咖啡店看人来人往时，脑中都会有无限的点子在流动，但一个有创意的人（至少在外界看起来），是会随手做记录的人，而且比没有创意的人记录得更勤快。

有一个朋友，每一次我跟他出去，他都会随时掏出一个小本子，然后手写一些笔记。他不是唯一会这样做的，我看过许多广告大师的传记，他们也都有同样的习惯，所以我把它讲明白了：有创意的人就是会随手记录点子的人。不是因为这些人多聪明、天赋异禀，千万不要把创意这个东西神化了。当然，丰富生活、饱读诗书、环游世界、善于观察人群，这些还是有帮助的。但如果简化到只说一个差别的话，那真的就是“是否能把点子留下来”而已。

创意完全是一种无中生有的开创。它不是零和游戏去抢市占率。好的创意是直接把饼做大，造福更多人，让世界更好。我一直觉得头脑里面的东西，如果能够有1%实践出来就好。假设每天我有100个点子，我能记录下来10个，其中1个对社会有益，分享出来给大家。全球几亿人都这样子做，等于这个效果再乘以几亿倍，人类就会因此而进步。所以归根结底，世界的进步都是源自人的思想，不断前进而你我都是其中的一分子。

今晚早点睡，明早赖个床，留点时间给你的梦幻时刻吧！

2 七个小技巧让你成为创作者

我们每天看别人，羡慕别人慢慢红起来，但其实我们跟这些网络名人的差别只有一处，就是他们有产出，而我们没有。我们常设想，如果有一天让我来写文章或拍视频，我该如何找到独特定位？我该如何做出不一样的内容？我该如何使用SWOT分析法来规划？大家把这件事情搞得太复杂了，很多人上过我的课，还上了好几次，但到现在都没有开始任何的创作啊！

创作不只用脑，还要用手，不要说还没准备好，因为你永远不会百分百准备好。创作是一股热情和冲动，把这股力量直接释放出来，不要想太多。如果你需要一些技巧的话，希望你看完以下七点之后，能直接开始。

（1）每天记录一点

一天很长，你可以做很多事，吸收很多资讯，比如看新闻和视频、去公园赏鸟、帮宝宝做辅食，不管做了什么，只要你有感而发，就把这件事记录下来，用写的、用说的、用拍的，然后贴在能轻易看到的地方，例如Meta涂鸦墙上。每天至少记录一件事，每天发表心中的感想，养成至少连续一年的习惯，只要有产出，就会有机会。

（2）列出每天要产出的项目

当你能做到第一点，朋友或市场会给你一些反馈，让你开始有想法，知道什么该写、什么不该写，写什么反响最好，写什么会被骂被讽刺，你还会慢慢抓到诀窍，知道写什么可以又快又好，写什么很耗时却没人欣赏。在这个“随兴产出—市场反馈—做出调整”的过程中，你在强化你的创作能力。

下一步就要开始集中火力，将每一篇创作的效益提高，尝试在最短时间内，创作出够好的作品。因为要缩短时间，所以你应该在每天晚上关电脑前，在便利贴上列出“明天要写的东西”，贴在你的电脑屏幕上，然后隔天起来开电脑的第一件事，我重复一遍，第一件事，就是完成它们，然后，你就可以把便利贴扔掉了。

（3）把你的工作设备和休闲设备分开

呼应第二点，很多人每天开电脑后，就待在那不知道要干什么。如果你不告诉自己要干的“第一件事”是什么，那八成就会先去刷Meta等社媒了，但你的电脑是用来办公的，不是用来休闲的，至少不该醒来的第一件事就是休闲。所以要刷Meta可以，你必须先完成一项工作。或者，我们深植这个概念：电脑就是用来工作的，手机主要是用来休闲的，必须将两者分开使用。当我们坐在桌前打开电脑时，就应该是要工作的；只有当工作告一段落后，才可以去刷手机休闲。

（4）先专注解决一个问题

一开始，我们或许什么主题都想写，但许多经验一再证明，你若什么都想写，在有限的时间内每样都无法写到最好。现今资讯量过载，唯有最好、最深、最详细、最疯狂的作品才会被看见，所以一开始的策略应该是“深掘”。只专注解决一个问题，用来自四面八方的素材、超级详细的内容将它包围，例如：

你可能想写宠物主题，但初期策略应该是缩小为“如何养柴犬”就好；

你可能想写旅游主题，但初期策略应该是缩小为“日本自驾游”就好；

你可能想写网络营销主题，但初期策略应该是缩小为“如何操作社群广告”就好。

以此类推。一开始如果想大包大揽，力道比较分散，还不如先专心把你大主题里的子主题做好，这样更容易聚焦，写作素材也比较方便收集。

（5）重组你的内容

一年后，你应该已经积累了丰富的内容，甚至运气好的话，你在一些人心中应该已是“柴犬专家”“日本自驾达人”或“社群广告大师”了。但其实你离知名还差很远，需要再加把劲，此时应该跳脱出初期的创作平台，把你的作品以不同的形式放在不同的平台，接触不同的群组。初期你专注于“深”，所以已经拥有足够的内容，现在要尝试求“广”，例如可以把博客的文章——

变成简报，放在Meta或SlideShare免费供人下载；

变成语音，做自己的Podcast节目，免费供人下载；

变成视频，成立自己的YouTube频道；

变成电子书，当作“引流磁铁”（lead magnet），收集访客的E-mail信息；

变成一节课程，线上或线下都可；

变成一本实体书，达成出书的成就。

想象力是你的，可能性还很多。有人说：“内容就像面粉。”你可以拿去做面包、包子、胡椒饼，重点是把它加值变现。

（6）确认你的大方向

一开始我们不贪心，创作只求有人看，网友的好评就会让我们有动力，心中感到温暖，但温暖不能当饭吃，好评听多也会腻。若我们要长期做这件事，有收入才是务实的，所以不管在什么阶段，你都不能忽视内心深处的声音——“我该如何赚钱？”

其实第五点就是提示了，内容是你的，你的观众喜欢吃面包，就做面包；喜欢吃胡椒饼，就做胡椒饼。前面也提过，创作要变成事业，要先将之商品化，然后定价，最后卖给你的读者。也许一开始你心中没有这些打算，但随着网友对你内容的需求反应，你需要设计一系列的“商品”，然后去试着卖钱，定价从低到高慢慢试，直到找到付费人数和商品售价的平衡点。

（7）设定目标和期限

没有目标的创作，就像一艘船漫无目的地漂浮在海上，动力迟早会消耗殆尽。人要达成一个又一个的目标，才能永葆动力。创作的目标可以是长期的、困难的，但一定要制定，例如“出版一本书”“每年研发一个线上课程”“每年收入要增加10%”等。

为了达成目标，还可以设定一些期限，因为大部分人都有拖延症。但若一项工作有条“死线”（deadline），则可以在一定程度上缓解你的拖延症，特别是没有老板或主管监督的自由创业者，“死线”就像是你的老板。如果还需要更多的外部刺激，不妨给朋友1万元，只有在“死线”前完成任务，这1万元才能拿回来——你敢试试看吗？

希望以上七个小技巧能帮助你快速开启创作生涯，之后，一个优秀的创作者会在创作过程中找到优化的方法。足够好的内容会带来观众，然后观众带来商机，得以让你的生涯继续发展，迈向名利双收的巅峰。

3 将不同形式的内容发展成一种事业

如果有一个想法萌芽，可以以很多种形式将它呈现出来。内容的形式其实比我们想象的还要多：

- 文字/文章
- 图像/照片
- 漫画
- 资讯图表
- 视频
- 声音（Podcast或MP3）
- 简报
- 课程
- 戏剧
- 桌游

从广义来说，只要是我们眼睛所见、可承载资讯的地方，就可以让我们把内容呈现出来，也就是说，除了上述的形式，未来还可能会出现新的形式，因为会出现新的地方和渠道。这里我们重视的概念是“先有内容，才选择呈现形式”，若你没有核心内容，渠道再怎么多，你也不会红。俗话说：“内容为王，渠道为后。”先王再后，没王，有后也没用。

假设我很贪心，所有内容形式都想做，包括上述的文章、照片、视频、声音、简报、课程等，那么应该先做哪一样效率最高？也许每个人的答案不同，但我的答案是视频。

（1）先做比较难的，转换形式时会比较简单

一个视频可以提取声音做成MP3文件，当你加上字幕时就有文字说明（或是可以先大概做好脚本），于是视频、声音、文字部分都有了。图片很简单，直接截图就好。再来，提取视频的重点文字变成简报，因为有了简报，当这些视频累积起来（假设有10～20个视频），你的课程大纲就做好了。如果你利用Canva等工具，可以将资讯图表也一并完成。

（2）至少在五年内，视频还是市场上最主要的营销工具

YouTube应该是最吸睛的平台。“擒贼先擒王！”身为创作者，当然先抓最大的。你的创作要力求被最多人看见，所以YouTube是你不得不在上面展现的平台。做出来的视频都是你的数字资产，不管是放YouTube还是Meta，不管是付费收看还是免费分享，你永远可以反复利用这些视频，重新剪辑，拉长缩短，非常有弹性，能随潮流演变去做更新。

（3）露脸对个人品牌的帮助很大

拍视频要露脸，观众看到你长什么样，就会多三分信任。再来，如果你颜值高、口才好则大加分，要是会后期制作、上特效则再加分，做出来的内容有料的话就更好了。简单地说，如果你真的是一个会红的人，视频是最快速的途径，一年很正常，半年不意外。我常说无论以前电视上有怎样的艺人，未来网络上都会出现，拍视频放YouTube正是这种典型。

大部分创作者可能都是从文字开始的，特别是从博客世代开启创作生涯的人，这是较为理想的选择，因为文字是所有创作的基础，不管你的产品最终是否以文字呈现，文字的

部分都不可或缺。就算你拍视频，也最好要有文字脚本，把视频主要内容和呈现顺序先写下来，方便参考和修改。很多外国人很厉害，当他们有一套学说时，他们会先出书，然后从一本书延伸出商业机会，可能是线上或线下课程，可能是顾问或教练，但不管是什么，他们都是先从文字开始累积，再发展出其他的形式。

4 创作数字产品的好处是什么？

在网络上卖东西的人，通常可以分为两类：卖实体产品的人，我们称为电商从业者；卖数字产品的人（人数少很多），暂称为创作者。我认为前者会越来越难做，而后者的成长会越来越快。

据统计，2017年美国有34%的工作人口在网络上卖过数字产品。也许很多人会觉得在网络上卖东西与他们无关，特别是那些朝九晚六的上班族。但现今社会，这样的维生方式毫无疑问地存在，并且成为一种可预见、挡不住的趋势，它只会越来越常见，绝不会消失。

科技的发展加上消费者购买行为的改变，让创作及销售数字产品比以前容易太多了。到底什么是数字产品？宽泛来讲，数字产品可以是任何产品，它们以摸不到的档案格式存在，其内容可以被串流、被下载或是被转成实体商品（例如电子书可印刷成实体书）。它们主要通过科技手段接触，而不是面对面交易。数字产品包括但不限于声音档案、电子书、可下载的工作本、可列印的图案、软件的模板、手机或电脑应用程序（含游戏）、会员资格、线上课程及各种创意资产等。数字产品不需要任何的实体安装，客户可在电脑、手机或平板购买及使用。

瑞典有个乐团叫Dead by April，直接把他们的音乐卖给消费者，创造了5倍的利润。他们的商品，包括音乐和周边，放在Shopify这个全球最大的音乐购物网站平台。他们将音乐以数字下载的方式进行贩卖，因为是数字下载，消费者付钱之后就可以马上听到音乐，平台会即时统计并支付款项给厂商（即乐团），该乐团的现金流不会被卡住，成员可以专心制作音乐，而且可以一首一首地卖，也不需要经历做好10首、转CD、包装、寄送等传统流程。当然你说Spotify也是这样啊，没错，但Dead by April是直接以电商的方式卖给乐迷，算是自己来，而Spotify、AppleMusic、KKBox这类音乐市集（marketplace）抽成比较高。

还有一个品牌叫FilterGrade，卖Photoshop的特效和Lightroom的presets（预设风格档），网站每天有5万人造访，客户包括摄影师、设计师和博主。他们将自己定位为一个社群而非一间店面，成功从竞争中胜出。

（1）贩卖数字产品的优势

数字产品充满无限可能，将它与实体产品比较，可看出拥有非常多的优势。很多人说买东西，还是要看到东西才有踏实感，才有购物的乐趣。当然，实体产品市场仍然比较大，但其实不是每一样实体产品的利润都很高，许多相似商品削价竞争，让市场竞争异常激烈，迫使利润越来越低，然后许多商家走向倒闭。我们卖东西不就是追求利润吗，为何要逼死自己，到头来做白工一场空？另外，贩卖实体产品还会面临"购物车抛弃"（abandoned cart）的问题。"购物车抛弃"的意思是"原本想买，但后来决定不买"，调查显示消费者会这样做的三大原因是：

需要支付额外费用；

要建立一个账号，提供收件人信息，包括姓名、电话、邮递区号、地址等；

结账过程太长、太复杂。

第一个原因，消费者要支付额外的费用，包括运费、税费或各种名目的处理费，很多人只要看到东西变贵就会浇熄购买热情。第二个原因，因为你要寄实体产品给消费者，所以需要购买人建立新账号，并提供姓名、电话、邮递区号和地址，消费者其实跟你还不太熟，一下子向他们要这么多资料，部分人会因为怕泄露隐私而犹豫。第三个原因，结账过程太长或太复杂，时间越长，消费者越能恢复理智想清楚：这东西真的需要吗？他们往往在这个过程中免不了会想还是再看看好了，因此放进购物车但未购买。

好消息是，数字产品基本上没有这三大问题。首先，没有额外费用，消费者无须等待，卡刷了马上就得到他想要的。其次，消费者不必建立新账号，只要给你E-mail，你就可以把产品下载链接给他，甚至，你连E-mail都可以不要，交易成功后直接给下载链接（但要保护好，不要让此链接外流）。最后，购买流程快速方便，消费者看上了可以直接购买。

其实，数字产品对比实体产品的优势不止这些，还包括不产生库存——你不需要租个仓库来囤货，不怕水淹火烧的天灾人祸；没有中间商的层层剥削，削减你的利润；可轻易规模化，不论卖给1个人或1万个人，你的动作都是一样的（消费者付钱，你给他们下载链接），顶多增加客服成本。但实体产品若要规模化，你要投入的就不只是人力成本，还有其他随之增加的变动成本。

数字产品几乎没有中间商。这不只关系着利润，还关系着你对自己产品的掌控权。你思考着如何将实体产品从仓库送到客户家，于是你开始跟物流伙伴周旋，跟经销商打好关系，谈上架，拆分比例——尽看这些中间商的脸色。因为他们会变成你的业务员，他们有权去改变你产品的卖相，要是你不配合，他们就可能“摆烂”，销售效果就变差，你被迫改变。从制造者到客户端，产业链里所有的中间商都有可能找你麻烦，纵然相处得不愉快，可是为了将产品卖出去，你又不得不妥协，说不定利润还一再被削减。做这种生意真不愉快。不过，假设卖电子书呢？你可以轻易规模化，传送电子书给100万个客户也不需要任何额外的付出，你的唯一费用就是你的主机费和营销费。你可以找一个好的平台，每个月缴纳固定费用，这样你可以算出固定成本，而不用担心因为规模化增加变动成本。

做实体产品的另一大缺点是，一定得先垫付一点钱才有可能赚钱。这顺序会害死人。例如你要卖T恤，你必须先花钱打样，然后问工厂最少订购量是多少，或许他们会说100件。假设一件制作成本是200元，你就得先支出20000元，在你还没卖出一件前，你的利润就是-20000元；假设你一件卖400元，你需要卖出50件才覆盖成本，第51件起才赚钱。从本质上来看，这是一场赌博。既然是赌博，你就不一定会赢。

卖数字产品？不用赌，卖出第一件就赚钱。

金钱还是小事，时间才是大事。制作实体或数字产品都要花时间，所以销售时互相抵销不谈，可是面市后就有差别了。实体产品一旦做好，它是很难改的，例如T恤上面印了什么就是什么，它很难随着潮流或趋势即时调整，你在上面写“恭喜某某当选”，印了10万件，结果其他人当选，这10万件T恤就报废了，金钱和时间全部沉没。

数字产品做出来，发现苗头不对，你可以快速做出调整，重新上架售卖。可以顺应市场需求灵活变化，这点也许是两者之间最大的差别。实体产品的风险高很多，而且利润也没有比较高，这听起来残酷，但我真的认为事实如此。

归纳售卖数字产品的好处是：

没有常见的线上购买障碍，“购物车抛弃”问题不严重；

不产生库存；

不需要先支付一笔钱才能赚钱；

面对市场的变化更能变道；

没有中间商的层层剥削；

对产品有完全的掌控权；

低风险、高利润。

也许唯一的劣势就是，如果这个产品很贵，消费者还是会希望能看得到、摸得到。假设你买一台笔记本电脑，应该还是会去商店，摸摸它，看看它，盖子打开再合上几次，才愿意安心购买。不过我认为这是消费者心态，越贵的东西，消费者越会想要摸到、看到，之后才会购买，除非这个东西有既定规格或消费者以前买过，不然多数还是倾向直接接触商品。

所以数字产品的价格不可以太贵。这也是为什么我认为线上课程不能定价太高，但线下课程可以。因为在线下课程中，学员就是跟产品接触，面对面地学习，即使他们仍可能是在线上刷卡付款。

（2）什么数字产品比较好卖呢？

入门还得是电子书，一来它很好制作，所以你可以卖得很便宜，让很多人获得，这样它便成为他人认识你的入口。书其实就是一个“引流磁铁”，是你做生意的“结缘商品”，很容易卖给消费者，然后当他们跟你买过以后，就会更愿意买你其他更贵的东西。跟那些没向你买过东西的人比较，这些人有更大概率会再来跟你买东西。

接着是线上课程和会员制，这两项服务风靡市场。另外出版商发现有声书是新的“金母鸡”，这一项目正在快速成长中。最后是软件，特别是手机上的App，也是一个快速成长的项目。

如果你想要进入数字产品的成熟市场，那么应该专注电子书、有声书、线上课程和应用程序。电子书和有声书是数字产品很棒的入口、“试金石”，若你是力求规模化的创业者，不妨考虑线上课程和应用程序，因为这两个项目在未来都有很大的潜力成长。数字产品有能力让创业者都实现“开发一次，销售永远”。

最后，数字产品要在哪里卖呢？可以在自己的网站，也可以是相关平台，但是要考虑和比较每家的优缺点。数字产品也许不适合每一家公司，但如果你是创作者，想要有兼职获得多元的收入，或是想轻松规模化你的事业，我建议先打造一个自己的网站，将其作为营销漏斗的入口。

5 我的八点在家工作经验谈

不管你是自愿在家工作，还是被迫在家工作——欢迎你加入我们的行列。恭喜你，终于迎上了趋势。

不管国内外，现在好多文章都在教你“如何在家工作”，这几乎变成职场常识了，但我发现很多文章都是伪专家写的，他们根本没有在家工作的经验。有些文章感觉像教科书的范本，什么要专注、时间管理、设番茄钟……这些文章存在的问题是“知道，但做不到啊！”就像我知道减肥就是少吃多运动，但做不到啊。大家都知道在家工作要专注，但周边的干扰这么多，又没有老板或同事盯着，专注？做不到啊！

下面讲八点常见的专家建议，然后我针对这些建议提出自己的看法。

（1）每天应该工作几小时？

专家说每天要保持跟上班族一样的上班时数，例如在办公室待8小时，从上午9点到下午5点，那在家也是一样——当然很好，但我觉得哪里怪怪的。你都在家工作了，基本上就是“责任制”“结果论”。在家工作者其实可以忽略该工作几小时这件事，如果你很厉害，一天的任务一小时就做完了，那你好棒，赚到了很多自由时间。而且如果你很厉害，又有上进心，还可以做点别的，看是兼差还是累积自己的观众，例如写博客文章、拍视频。如果你没有创业者精神，只想完成老板交代的事，不如按部就班工作就好啦。

（2）制造家规

女儿还小，又这么可爱，只要她在家，我的工作时间立马减半。我都开玩笑地跟同行说：“我在让她们。”但我心甘情愿啦。通常在我隔天要去开班授课的紧急时刻，因为前一天要备课，我会和老婆说我要“闭关”，小孩不能来打扰，所以那天晚上可能女儿连睡前故事都没有。我就这样工作好几年，现在女儿都9岁了，我还是这样的时间配置。

跟家人制定家规是有效的，先跟家人沟通好，请他们不要在你的工作时间来打扰。但你也知道，有时候规定是用来打破的，在家工作实在有太多干扰——一会清洁打扫，一会邮差挂号，还要倒垃圾、收外卖、因此也只能尽力遵守。

（3）维持社交

你知道谁最常玩Meta吗？就是在家工作的人，因为没有同事。人类都有基本的社交需求，在家工作者只能借由Meta来满足这点。现在很流行一个词叫“social distancing”（社交隔离），其实我早就如此了，很多专家建议要维持社交，多用Zoom或视讯来与人互动，但我觉得一个人做事还是最有效率，我甚至连玩Meta的时间都刻意减少了。

（4）保持书桌或工作空间整齐干净

这是心灵层面“断舍离”的应用。视觉影响心情，进而影响生产力，但不是说桌子越乱、创意越好吗？我差不多一年整理一次桌子，整理一次撑一年，我觉得只要自己知道东西放在哪里，设计得顺手就好。每人有每人的风格，无须小题大做。

（5）要有固定时间运动

这点我百分之两百同意，而且我认为这是在家工作者最重要的一件事。要把运动当作你在家工作的内容，每天严格执行，逼自己运动，离开电脑，最好去户外，连手机都别带，走路、慢跑、跳绳、举重、打球，什么都好，让你的大脑放松。若是不运动，身体会胖，人会变懒，进入恶性循环，然后严重影响和降低生产力。我说得再严重点，不运动等于在家工作者的最大致命伤。上班族有通勤的健走，挤班车的耐力锻炼，赶地铁、追公交的小跑步，在家工作者则缺乏这些，一定得靠自主运动补起来！

（6）每天至少做点什么

很多专家会教你“如何提高工作效率”，但我觉得这是跳级。以我过来人的经验，你肯定会先放纵自己几天，无所事事地过上几天，毕竟这是一种新的生活体验，然后呢？你其实不清楚该怎么开始，东摸西摸，完全无法进入工作模式。

然后，隔天也是一样的情况。

在家工作的初期，不要好高骛远，谈什么提升效率，那是从1到N的事，你要做到的是从0到1。一开始只要去想“避免让自己没效率，不要整天一事无成”，在没有主管和同事监督的环境下，自律是很难的，这件事需要练习，但只要你每天都有进步，工作效率应该会慢慢提升。

（7）早点起床

早点起床或熬夜工作，总之要避开和家人共醒的时间，特别是小孩。在家工作的优势正是可以和家人在一起，请尽可能享受这点优势，然后你就会有动力找出提升工作效率的方法，达到“Work less, make more”的境界。但在你还没提升工作效率之前，就比孩子早两小时起床吧，你会发现这两小时自己就像超人，可以做好多事啊！然后小孩醒了，陪她一起吃早餐，你内心会是充实的，说不定你还已经完成了当天所有的待办事项。当然，你也可以晚睡，如果你的肝还年轻。

（8）保持正面心态

我们处在可以远距离工作的时代，所需的工具都已具备，那么多平台和知识可以随时存取——这在20年前几乎是不可能的，所以我们要保持正面心态，珍惜现有的一切。

最后我要用一句话来收尾：在家工作没有你想象中那么简单，也没有那么困难。

6 论时间管理，我如何还算高效地工作

先打个预防针，我绝对不是所谓的时间管理专家，我也不想成为时间管理专家。我一贯的主张是人生在世，要尝试把所有时间都变成可享受的时光，所以第一个重要步骤是先分清自己“喜欢做什么”和“不喜欢做什么”。对一般人来说，他们不喜欢上班，我也是，那就不要去上班；再来，他们不喜欢工作，只喜欢休闲娱乐，我也是，所以我尽力、尽早把这两件事变成同一件事。

我选择工作的原则就是“上班要开心”，毕竟我每天至少要花8小时在这上面。进出几家公司后，我终于发现一个惊人的事实：只要你是一名员工，你在工作时就不可能快乐多过不快乐，倒不是绝对时数的差别（例如开心3小时，不开心5小时），而是只要有一件不开心的事，就可以抵消你所有的快乐时光。

例如，假设你今天被同事抹黑，你就会不开心整整一个

月，就好比负面事件的印象分数会比正面事件高，进而使你痛苦的时间延长。我又领悟到，不开心背后真正的原因是不自由，是被别人管，别人公司的规定是由别人制定的，不是你能左右或掌控的，因为你没有做决定的自由，所以你痛苦。想要真正把开心工作扩展到大多数的时间，你必须消除不可控的变数。简单地说，就是自己当老板，尽量减少不必要的变数，例如办公室政治等鸡毛蒜皮的事情。这些事情对你的人生和事业真的一点也不重要——如果你非常确定你要的是什么，想要走在什么样的道路上的话。

巴菲特说，人最怕的就是自欺欺人。很多人自己会说“工作即兴趣”，但其中很多人都在自欺欺人，只是为了让自己上班的每一天好过一些。我不是要否定这些人的理念，我觉得这些人也是社会的一股力量，只是我们本节谈的是时间管理，而时间管理说穿了就是痛苦管理。我觉得很荒谬，当一个人身处痛苦之中，他怎么去管理痛苦？如果一个人最大的痛苦来源就是工作本身，他谈的时间管理是如何减少痛苦吗？这根本就是“缘木求鱼”吧。

（1）成为时间管理的高手

如果你把“喜欢做”和“必须做”融为一体，就已经完成了九成的时间管理工作，其余不做都没关系。我再打个比方，假设你想做健康管理，再假设吃菜比吃肉健康，你要做的第一件事情就是把什么都卖的餐厅变成有机菜园，把自己身处的环境从吃肉的变成吃菜的，等到你身边只有健康的菜可以吃，那就不必再去管理什么该吃、什么不该吃，因为不管你怎么吃、吃什么，都是健康的。

可以归纳得出，时间管理有三个基本要素。第一个是“意识”，你要抽离你自己，去看看自己每天花时间在做什么，这些事是否让你快乐；若不是，怎么改变？第二个是“改变的勇气”，先不论方法，要勇敢地去行动，一旦开始行动，大多数人都能找出方法。第三个是时间管理大师们所说的方法论，如“时间四象限法则”“GTD（getting things done）”“番茄工作法”“吃掉那只青蛙”等。然而，我不用这些理论，只将要做的事简单地做个列表，放在日常可见的地方，提醒自己要尽快完成。重点是要专心，尽可能专心。

但只要是人，只要你坐在电脑前面可以上网，分心是难免的，也是必需的，因为你需要mental break（心灵的短暂休息），所以我认为时间管理高手是分心后能尽快回到专注状态的人，谁能越快回到专注状态，谁的时间管理能力就越强。好比冥想或静坐一样，你偶尔会分心，但谁能更快回到专注状态，谁就是大师。如果这工作是你很享受的，你可以马上回到专注状态。想象你在打游戏的时候，连暂停去上个厕所都舍不得，去了还想着尽快上完，好让你可以快点回去打游戏。为什么？因为你很享受打游戏。

我工作的时间并不多，花很多时间在主业外，但一样可以完成许多事。如果要说有什么策略，我会总结为三点：

①请确认是否每天花最多时间在做你生命中最爱做的事。如何判断？就是当你做这件事没有钱赚时，也没有人会付你钱，你是否仍会做这件事？

②尽可能移除所有会让你不开心的因素，包括“被管理”“被下命令”，最终目标可能都需要自行创业才能达成（或你爸是老板）。

③当你分心时，尽快专注起来，尽可能快点回到好玩的游戏上，因为你还没通关呢！

还有最后一件事很关键，而且与时间管理密切相关，那就是精进你的重要技能。林肯说：“如果给我6个小时砍下一棵树，我会用前面4个小时把斧头磨利。”同样是写文章，我能写得比大家快，是因为我精进过这项技能；我最近做了大量的视频剪辑练习，也是在磨利这把新的“斧头”。

对于一个网络营销者、创业者而言，我身上背了很多把锋利的“斧头”，论“砍树”速度、效率，就比多数人高，我用较少时间达成同样目标，精进技能就等同节省时间。当一个人不学习、不精进，不管他多会管理时间，在工作时间都无法发挥最大效益。甚至可以不客气地说，根本是糟蹋了时间，时间怎么用都不会，还妄想去管理它吗？

（2）给自己定一条“死线”

我常听到新手问：“我该自己建网站还是放痞客邦？”“建网站的模板要怎么选？”“能否推荐建网站的工程师？”“我有很多兴趣，写哪个比较好？”“要怎么获得流量？”“写什么才会赚钱？”有没有发现一个共同点？他们都还没开始写。

前面提过，人都有拖延心理，那有什么办法可以克服呢？就是给自己一条“死线”。在职场上，很多工作或专案如果过了“死线”还没有完成或上交会怎样呢？轻则被骂，重则丢掉工作，所以我们会被面子或金钱绑住，压力很大，我们可以牺牲所有时间，包括陪伴家人、玩乐、睡眠的时间，尽可能如期完成工作。事实上，在大多情况下，我们也真的有能力在“死线”的压力下，逼出自己的潜力（想想熬夜时的生产力有多高）。

然而，发展个人品牌就跟运动、减肥、写作一样，明知道它对自己有好处，但不急啊！

不急着运动，心中的声音告诉自己："今天上班好累，明天再开始吧。"（于是开始追剧）

不急着减肥，心中的声音告诉自己："不吃饱哪有力气减肥？"（于是开始大吃特吃）

不急着写作，心中的声音告诉自己："等我有灵感了、生活经历丰富了，再动手吧？"（于是放下笔）

改变日常习惯是一件蛮难的事情，而养成一个新的习惯至少要一个月，所以我觉得最好的方法就是让人逼你在这一个月内一定要完成任务，不然后果就跟老板不给你发薪水一样严重。

每年11月，美国都会举办一个活动叫作National Novel Writing Month（全国小说写作月），参赛者必须在30天之内写完5万字的小说，这像是一场文字创作的马拉松。

对我来说，建构自己的知识宇宙就是从文字开始的，不管是把文字发布在博客或Meta上，还是拍视频、录播客，你的中心思想必须文字化。写作能帮助你保持思路流畅，理出清晰的架构，说它是发展个人品牌的第一步也不为过。

所以，不要再问一开始那些新手问题了，当作自己每一天都在参加“全国小说写作月”活动，先写先赢，永不会浪费！没有人给你定“死线”，那就自己定啊！

7 提高生产力的终极方法

提高工作效率这件事在办公室环境中有时并不被提倡，如果你做事做得又好又快，只会被安排更多的工作，因为老板觉得你很好用。久而久之，你不禁觉得，我比别人多做两倍的事情，但是薪水却跟别人一样，所以只好开始“摸鱼”，越来越颓废。但对你个人来说，这并不是一件好事，因为“摸鱼”会让你的工作能力下降，工作欲望也会下降，所以如果你觉得自己是一个工作能力很强的人，最好让你的工作能力跟你的报酬成正比，把工作效率高变成你的优势。

如此一来，最适合你的就是自行创业。

自己创业后，没有人规定你的上班时间，这是优点，也是缺点。优点是你可以充分地利用时间，将你的工作效率提高，尽最大努力，你的产出将获得对等的报酬。缺点是你也很可能把这些时间浪费掉，然后过得比之前还惨。也就是说，一个人的高工作效率还需要搭配严工作纪律，两个因素相乘才会得出最大的结果。很多时候，上班族因为有老板、主管、同事指派工作给你，不太需要自己制定纪律，反正该做什么就做什么，做不完就明天再做。创业者不同，我们没有人在后面推我们一把，我们必须自己保持工作的动力和纪律，才有可能创造收入。

如何保持工作纪律呢？第一步就是安排好你今天要做的所有事情，把它们变成一个待做清单。第二步就是按照清单一项一项去做。最重要的是第三步，当你工作的时候，要避免所有的干扰。为什么避免干扰最重要？因为我们在做事的时候需要高度投入，这样才会越做越快，可是一旦有干扰因素出现，工作节奏就被打断了。

要把工作节奏被打断的可能性降到最低，最好是降为零。怎么降为零？最极端的做法就是“闭关”。“闭关”的意思就是在一定时间内中断所有对外通信，每年一到两次，每次持续一到两个月。在这一两个月内，你中断所有对外通信，专心写书，做自己的专案，做研究等。

如果你觉得“闭关”一两个月太难，你也可以“微闭关”，比如每周三不对外联络，每周四才回复E-mail或电话，周末不上Meta等等。我自己一年大概会“闭关”几次，我发现每一次“出关”后，都会产出一些新的东西，这些新的东西可以成为我的新产品，可以赚钱的产品。我非常建议大家“闭关”，这是一个提高生产力的好方法。例如，所谓的“黑客松”（Hackathon），就是召集一些人，将他们安排在一个房间，给他们粮食和水，让他们在3天内或5天内就做出一个产品。“闭关”可以强迫自己在短时间内高度专注，完成一些任务。“闭关”的时候除了不要上Meta以外，我觉得最好都不要有旁人在，除非是你的工作伙伴，连家人都尽量不要在。

“闭关”也是一种清理和整理。平常我们会记下很多点子，可能是待看文章、待看档案，但被日常工作拖着一直都没去看，然后一天天过去，这些文章或档案还是没有时间看，所以我们大可在“闭关”的时候，把这些“债”清一清。因此，“闭关”不一定是为了输出（output），也可以是为了输入（input），就像是远离尘嚣，一个人沉淀一下，把自己过去这段时间的思绪和行为重新整理一下，让头脑重置，重新再出发。我讲得好像是正面冥想、吃斋念佛，事实上，它就是，不然你认为“闭关”这两字从哪里来的？

我的第一本书《部落客也能赚大钱》，是我花了6天时间来写的，连续3周的周六和周日，我上午8点去图书馆排队进场，好去抢有插座的位置。在图书馆里“闭关”6天（中午有出去吃午餐），总计大约工作了50个小时，我完成该书80%的内容。

而在第二本书《网络强人会》的“闭关”创作过程中，我带了约20本待看书籍，独自一人在大雪山上的小木屋中，同时进行知识的输入与输出。3天内，扣掉烹饪、洗澡、睡觉的时间，我完全投入知识的世界，完成了约80%的内容。当你完成80%的内容，就会觉得“快写完了”“最难的部分已经过去了”。

我觉得写书最难的部分是“腾出时间来写”。我属于“死线型”作者，就是截稿前最后几晚爆发的那种，不像有些作者会安排写作计划，按照计划每天写一点，进度很稳定。像我这样的作家，就必须“闭关”！我们必须强迫自己，一个人非常孤独地在一段高压的时间下（或空间下），来让自己的创作力大爆发。

每次“闭关”后，我都感觉自己“升级”了，也许是头脑重置后的清爽，或是内化知识后的自信，总之都会有好的结果和新的产出，所以往后我应该会增加“闭关”的次数和时间，来提升自己的工作效率吧。也欢迎忙碌的你来试试看喔！

8 创作者应该优先经营的三大块媒体

从广义来说，媒体是指能被看到、承载内容的载体。如图2–1所示，在1990年前，我们只有八大类型的媒体，随着互联网行业的爆炸性成长，我们的注意力已经完全被分散。

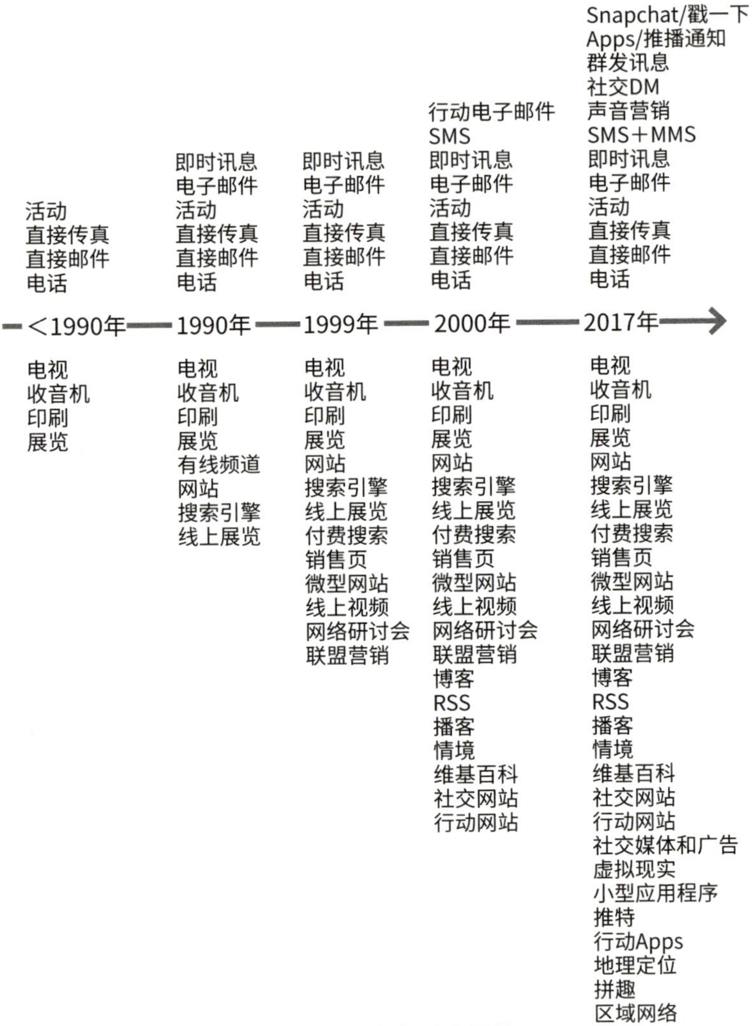
活动
直接传真
直接邮件
电话
<1990年
电视
收音机
印刷
展览
即时讯息
电子邮件
活动
直接传真
直接邮件
电话
1990年
电视
收音机
印刷
展览
有线频道
网站
搜索引擎
线上展览
即时讯息
电子邮件
活动
直接传真
直接邮件
电话
1999年
电视
收音机
印刷
展览
网站
搜索引擎
线上展览
付费搜索
销售页
微型网站
线上视频
网络研讨会
联盟营销
行动电子邮件
SMS
即时讯息
电子邮件
活动
直接传真
直接邮件
电话
2000年
电视
收音机
印刷
展览
网站
搜索引擎
线上展览
付费搜索
销售页
微型网站
线上视频
网络研讨会
联盟营销
博客
RSS
播客
情境
维基百科
社交网站
行动网站
Snapchat/戳一下
Apps/推播通知
群发讯息
社交DM
声音营销
SMS＋MMS
即时讯息
电子邮件
活动
直接传真
直接邮件
电话
2017年
电视
收音机
印刷
展览
网站
搜索引擎
线上展览
付费搜索
销售页
微型网站
线上视频
网络研讨会
联盟营销
博客
RSS
播客
情境
维基百科
社交网站
行动网站
社交媒体和广告
虚拟现实
小型应用程序
推特
行动Apps
地理定位
拼趣
区域网络

图2-1　媒体类型大爆炸

这么多年来，我只关注其中四种：

（1）书

从羊皮纸到电子书，书是最古老的媒体，也是存活最久的媒体。以平面印刷媒体来说，书仍然是最有价值的。将来电子书会取代实体书吗？我认为言之过早，至少我还是会继续买书、看书、送书。大部分作者会将他们的智慧经过整理、包装后，呈现在书里，然后同读者展开一场跨越空间、时间，实现心灵交融的沟通。有时候一本书能改变一个人的生命，所以以传播价值来说，一本好书是无价的。

（2）电影

如果说书是印刷媒体的极致呈现，那么电影就是视觉媒体的极致呈现，其视觉表现比电视、网络视频都好。电影对人类文明的贡献太大了，记录过去，反映现实，引领未来。电影有价值、有意义、有启发性，还有深远的影响力，是人类文明演进的重要媒体之一。我不看连续剧，电影2小时左右的时长是我可以忍受的上限，所以我爱看电影，特别是商业大片，花2个小时看一个完整的故事比花20个小时看20集电视剧有效率多了。

（3）广播

我原本很小看它，但后来发现它其实无孔不入，尤其是在开车的时候，广播广告的洗脑效果堪称一绝。广播媒体代理商一直说他们的广告效果比大家想象的还好，我现在相信了。广播是我想舍弃却甩不掉，不显眼但黏性很强的一种媒体。再加上Podcast浪潮蓄势待发，人人都可以当电台主持人，而且根据统计，会听Podcast或音频节目的人往往具有比较高的身份地位，这意味着听众价值很高，所以这个广播媒体不容小觑，很多国外个人品牌都是从Podcast发展起来的呢。

（4）互联网

毫无疑问，互联网是最强的媒体，而且会越来越强。上述媒体可做到的事情，互联网都可以做到；上述媒体做不到的，互联网也可以做到；人类尚未想到的媒体功能，互联网在未来也可以做到。互联网是人类最伟大的发明之一，我认为它将成为阳光、空气、水之后的第四元素。

在以前台湾只有三个电视频道的环境下，费玉清、凤飞飞、猪哥亮家喻户晓，观众的注意力全集中在他们身上，但若把他们放到现在，他们很可能只是你不熟的某网红或

YouTuber。换句话说，由于媒体太多，在千禧世代出生的人想要家喻户晓，概率很低。

你也许觉得蔡阿嘎很红，但事实上台湾还有很大一部分人根本没听说过他。这说明我们要走红的难度大增，而且越来越难。想想我们等了多久都没等到“下一个周杰伦”出现，我认为在这个世界上，肯定有比周杰伦更有才华的人，也许活跃在某个地方、某个平台、某个社群里，只是我们还没发现而已。以媒体去中心化的速度来说，也许我们永远不会发现。

虽然我们不会太红，但庆幸的是，其实我们也无须太红，只要够红足矣。蔡阿嘎在他的社群里是一方之主，过着不错的日子。别说他，就说我自己，尽管台湾多数人根本不认识我，但我生活也还过得去，就算我没有付出百分之百想红的努力，工作上时常偷闲，几乎没有社交活动，还是可以靠互联网维生——这就是好消息！在这个时代，每个人都可以靠互联网维生，你不需要大红大紫、家喻户晓，也可以获得足以维生的收入。甚至你设定的目标都不用达到百分之百的达标率，就能感受到互联网红利的回馈，只要确保你做的事等同于资产的累积。

如果你很会写作，那博客平台很适合你；如果你觉得自己很上相，又对剪辑视频有热情，那拍视频上传到YouTube很适合你；如果你觉得自己声音有磁性，让人听了会耳朵“怀孕”，那买支好的麦克风，做一系列Podcast很适合你。每种媒体都有人成功，我们先以较世俗的定义来说，成功就是赚到一定的钱，有份可以赖以维生的收入，然后可以拿部分收入再投资，让内容的呈现更专业，获得更多观众，进入良性的个人经济循环。

从2020年的状况来看，在这么多种媒体中，我认为有三种是应该优先经营的。一是个人网站（博客），二是Meta，三是电子报。我们不要贪多，先把这三种媒体玩好就好，发展顺序也是如此。

（1）个人网站

不管你未来的事业做多大，你的个人网站始终是重要的存在，它应该位于中心点，周边环绕着其他的媒体渠道。我认为个人网站正是你在网络世界的存在标志，说得夸张点，若你没有个人网站，那么你在网络世界上是不存在的，谁能保证未来世界会不会是虚拟世界呢?

（2）Meta

在自己的个人网站上累积资产，是最重要的事，但也是许多人认为困难的事。你可能会问，为何不直接发文在Meta上就好，这样能让更多人看到啊？

没错，也许发在Meta上比发在个人网站上能让更多人看到，但其实想一想，这两点并不矛盾啊，我认为最好的做法是先发在个人网站上，然后简短叙述在Meta上，再用链接跳转回我们的个人网站。虽然Meta不喜欢我们这样导流量，会刻意把同个网域的帖文触及率变低，但以前我们没有Meta的时候，流量都怎么来？——到处去发帖文、鼓励大家每天浏览、RSS订阅、发电子报内嵌链接、交换链接、发简讯等，当然还有从搜索引擎来的流量。我觉得这些方法可以用，Meta可以让我们多一个渠道增加流量。只要这个渠道的贡献大于零，而且成本不高，它就是值得做的，但优先顺序不要被影响：依旧是个人网站第一、Meta第二。

（3）电子报

国外的许多互联网大咖都说，你拥有的E-mail订阅数是最重要的收入指标。我也同意这个观点，因为任何事业都需要忠诚的客户，而忠诚需要长时间的关系维系，关系维系表示你必须能够轻易接触他们，初一十五问候一下，让他们习惯你在身边的感觉。我们现在说的是会员的可掌控性，但Meta粉丝是无法掌控的，你连他们的E-mail都没有，你是被动的，这还怎么做生意呢?

有了会员的E-mail，然后长期给他们喂养好的内容，这样多多少少会培养出忠诚度，所以发行电子报并取得读者的E-mail，是一件急迫且重要的事。

“建立个人网站”“玩Meta”“提高E-mail订阅数”这三件事，是第一阶段我们要专心做好的事。何谓做好?我建议的目标如下：

- 个人网站：每日不重复浏览人数1000人
- Meta：1000个好友
- E-mail：1000位订阅者

1000是个奇妙的数字，你说再多话、内容再棒、表现再好，结果小于这个数字都没有意义，因为这代表其实都没有人看到你。但这也不意味着当数值大于1000就会有人看到，它只表示这个基数会产生影响力，有可能让你被人看到。所以想简单一点，1000是你的个人事业起点，小于这个数字，我只会称之为“前置作业”罢了。但你可知道，光是完成这个“前置作业”所要做的事就够呛的了，而且要花的时间——听了别哭——平均是18～24个月。

擦干眼泪，我还有好消息要公布。我们谈论的是十年计划，就算你资质驽钝两年才达标，也只占五分之一的时间，而后的大部分时间还是比较轻松的。趁我们还年轻，先做困难的事，老了以后才会比较快活，这道理很简单啊！

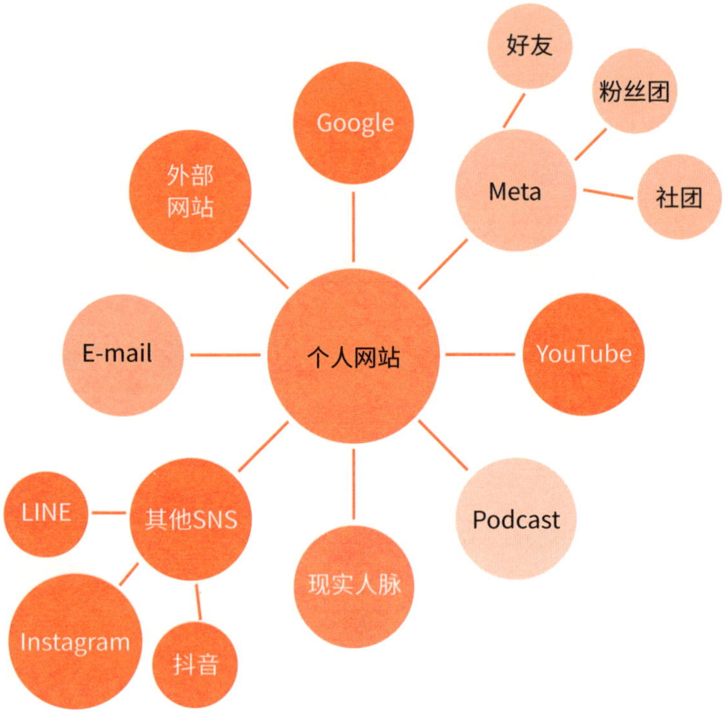
好友
粉丝团
Google
外部网站
Meta
社团
E-mail
个人网站
YouTube
LINE
其他SNS
Podcast
现实人脉
Instagram
抖音

图2-2　个人网站关系图

PART 3

运用个人品牌打造一人公司

1 个人品牌事业的客户价值旅程

在营销学上，客户价值旅程（customer value journey）是很常见的框架（framework）（见图3-1）。框架之所以好用，是因为它可以提供一个范本，让你将自己的产品套进去，进而清晰产品的运营方向。个人品牌事业当然也可以用框架，这里先走一趟客户价值旅程，让你清楚知道每个阶段的目的和挑战。

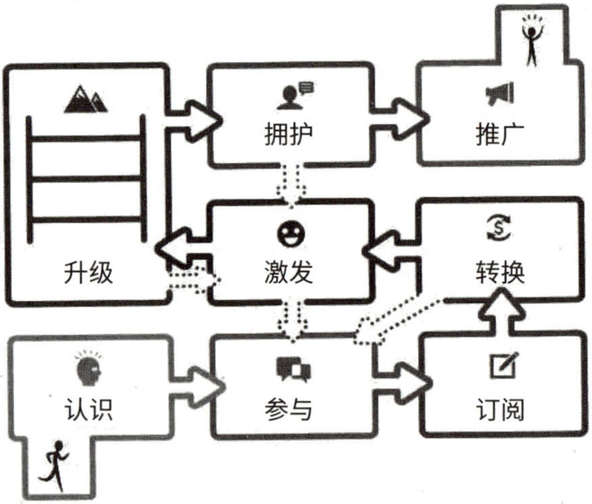

图3-1　客户价值旅程的八大阶段

（1）认识（know）

个人品牌最大的问题，是大家根本不知道你这个人（或你的产品）的存在！试问自己，陌生人的产品是如何出现在我们眼前的？可能是我们在Meta上看到的，可能是搜寻某个关键字看到的，可能是乱逛网站的时候看到的，可能是某个人跟我们说过，也可能是我们去参加活动后认识的。知道这些提高曝光度的渠道后，我们就可以有针对性地做计划，尝试在我们预设的目标对象（target audience）面前展现自己。所以可以怎么做？可参考表3-1。

表3-1 认识你和你的产品的渠道和做法

渠道	做法
在Meta上看到	增加Meta好友，在Meta上发表内容充实、具有分享价值的文章，或者投放Meta广告
搜寻某个关键字	写博客文章时，标题和内文涵盖关键字
乱逛网站	在目标对象常出没的网站参与互动、留言、放上你的大头贴和链接，或者和别人交换链接
他人提及	请你的朋友推荐你，在他们的媒体（Meta、个人网站、电子报等）上提及你
参加活动	多去参加线下活动，多接受演讲邀请

（2）参与（engage）

网友认识你，不代表他们会喜欢你、关心你、信任你，你们之间的感情尚未建立，所以第二阶段的重点就是让他们和你互动，让他们参与你的世界，主要方式有输出优质的内容和形成活跃的社群。首先，你要给他们切身的有价值的内容，例如“如何煎好一条鱼”“如何锻炼肱二头肌”“如何撰写履历表”等，然后跟他们说：“若看完还有问题，欢迎联络我。”也许某些人就会开始跟你互动。当这样的人多了，他们可以互相讨论，彼此问答，慢慢就形成了一个社群。

一开始，先下苦功，去做那些无法自动化、规模化的事，例如针对某个网友的提问来回答，一个一个粉丝来经营，为他们量身定做内容也可以，反正到了最后，这些内容都可以重复利用，届时你付出较少，但可以得到更多（即Work less, make more）。

（3）订阅（subscribe）

人们来来往往，就算他们认识你、跟你互动也不代表什么，他们也跟很多人这样做。所以你得确保未来能够联系到他们，要尝试让他们给你联系方式，其中最不具侵略性的就是E-mail。通常我们会用“价值交换”的方式来做，例如给他们7天的免费课程，不向他们收钱，只要他们的联系方式和联系许可就好。有些网友在这一步就会退缩，他们连E-mail都不想给你，还是担心泄露隐私。这也好，至少你会知道谁愿意订阅，有可能成为你的客户。那些连订阅都不愿意的人，永远不会是你的客户，你可以省下时间和精力，直接忽略他们。

（4）转换（convert）

有粉丝认识你，跟你互动，然后加了你的LINE（即以上客户价值旅程的三个阶段），接下来就是最重要的一步：他愿意跟你_____（请自行填空）！

“转换”是在整个旅程中最重要的一步，它代表的是关系的升华。从商业角度看，从潜在客户转变成正式客户，从未购买到已购买，这是蛮难的一步，因为有些人就算喜欢你、爱你，甚至崇拜你，但要他在你身上花钱？门都没有！我一直不同意“粉丝＝客户”这个观点，因为两者其实很独立。我有粉丝看了我的内容十几年，到现在也没买书或来上课，他们或许认为免费知识就够用了吧？另外，客户也不一定是你粉丝，客户可能不爱你，甚至不喜欢你这个人，但他需要你卖的东西，于是他对事不对人地掏钱。

一旦发生“转换”，也就是第一次成交，后续的成交就会变得比较容易。加上很多公司把客户数当作一项重要的KPI，所以会努力冲客户数，因此，会发生那种“卖一个、赔一个”的商业情况，看似反商业逻辑，其实这是一个挖掘客户终生价值的长远策略。由此可见，大家要不惜成本地“转换”，客户价值旅程才能继续走下去。

促使“转换”的方法有很多，可以是推出“超值商品”——一个超低价换取高价值的商品（即赔钱卖）；或是推出“结缘商品”，例如300元来参加站长网聚（网站线下聚会），表面上是让大家来交个朋友，实际上是诱使客人付钱，第一次消费，之后转换为客户，因为通常“有一就有二”，先让他们习惯向你付钱。这个阶段的重点是低价，因为你们的信任关系才刚开始，一下子要他买高价品，客人会被吓到。

（5）激发（excite）

我们每天都在买东西，但买来之后实际上让自己觉得兴奋的少之又少，也就是说，商品带给人的体验是新奇特别还是平凡无奇，将决定这位客户是否会继续购买。我要自打嘴巴推翻上述的“有一就有二”，事实上不一定，唯有客户的第一次购买体验很美好，心中觉得超值，或是有一种“Wow”的惊喜，他们才有可能持续购买。怎么让他们兴奋？首要因素是商品本身的价值，其次是售后服务环节。你需要让客户觉得你不是出售商品后就不理他们，你可以提供详细的使用说明，延长保修期限，提供线上客服服务，或给予其他附加的福利，让他们有很棒的购买体验，觉得钱花得很值。慢慢地，他们会越来越信任你——恭喜你，你就进入了下一关。

（6）升级（ascend）

什么叫升级？就是让他们买更贵的商品、买得更快、买得更多！很可能你到这个阶段都还没有赚到钱，因为你投入时间、金钱、精力在培养忠诚的粉丝。那请问什么时候能赚到钱呢？没错，就是现在！客户价值旅程走到这，他们应该已经对你有足够的信任了，请把你的主力商品、核心商品、高利润商品或能卖的都拿出来卖，这就是你赚钱的时刻。就像麦当劳的汉堡利润低，但搭配套餐的可乐和薯条利润高（因为可以卖得更贵），然后让客户加49元买一个儿童餐玩具（因为可以卖得更多），再储值500元到点点卡，以后再来用（因为可以卖得更快）。

挖掘客户的终生价值本身就是旅程中的旅程，只要你把营销漏斗设计好，每一层该卖什么商品，让他们有个“楼梯”往上爬，他们买得越多，对你的忠诚度就越高，下次你卖新品时，就会有一批基本客户。

我认识一位博主，每次开团商品都被抢空，有次有位网友对她说："请不要如此频繁地开团。"该博主以为粉丝嫌她太商业化，后来问原因才知道并不是，而是这位粉丝每团都跟，所以没钱了。后来这位博主吸取经验，每次开团都将时间集中在发薪日左右，这时粉丝手头上有钱，到了月底就不开团，慢慢掌握了粉丝的"花钱节奏"，做一位贴心的"团妈"。

（7）拥护（advocate）

这些人已经喜爱并信任你的品牌，他们或许不会主动去推广，但若有人问他们的意见，他们会为你讲好话。如何让客户变成拥护者呢？请他们做意见反馈，给他们一点点诱因去写下心得或提供他们的建议，若他们愿意这么做，就表示他们对你是真爱。看看每次苹果公司的发表会一结束，有多少人写下心得或评论，就知道这件事是可行的，它仍属于客户价值旅程的一部分。对个人品牌相关事业来说，拥护者像是铁粉，他们愿意听你说话，不反对你卖东西给他们（虽然不一定买）。当你要求他们为你做广告，他们不会觉得做这件事很丢脸（最好是很乐意、很荣幸），这就表示你已经成功把他们变成你的拥护者了。

（8）推广（promote）

不同于拥护者，推广者会主动去宣传，也许是发自内心地爱你，也许是你给他诱因使得他这么做，总之，这些人是你的业务部队，在外面帮你增加品牌曝光度及提升品牌名声，让陌生人也进入这个客户价值旅程。许多公司会推出联盟营销或转介机制（affiliate/referral program），让他们的客户能够和公司一起成长，一起赚钱。设计良好的转介机制是公司和客户的双赢，硅谷新创公司几乎全都这样做，以快速提高知名度。

不要让那些没用过你产品或不是真正喜欢你的人加入你的联盟营销，如果他们不熟悉你的产品，只是为了钱去推广，那不会有好效果的。请让那些真正走过这段旅程的人去做推广者，并帮助他们便利地推广，比如帮他们做好广告素材，给他们设计清晰好用的管理后台，每两周快速拨款等。像对待伙伴一样地对待他们，听他们的意见反馈，来持续优化这段关系。

以上是一段常见的客户价值旅程，每一阶段要如何推动客户前进都是大学问，其中一定会涉及内容营销、E-mail营销、搜索引擎优化（search engine optimization, SEO）、广告投放等知识。了解这八个阶段后，你要如何规划一段客户价值旅程呢？你要让客户如何前进呢？这值得好好思考一番。

2 个人品牌变现的三个起点

假如你现在还是上班族，有意要成立个人品牌，创造第二份收入，本节将提供三个开始的方法，让你有路可循。顺利的话，就能一步一步迈向新世界啦。

（1）摘低处的水果

第一，我认为是演讲收入。每天、每个地方、每个行业都有人想求进步，如果你在某行业中小有名气，你会有很多机会受邀演讲，而你也应该去。一开始并不是为了钱，也不一定是为了建立个人品牌（但心中要有这番打算），而是为了营销你公司的产品或服务，别说你想赚钱，你自掏腰包都应该去。因为演讲本身就是一种免费的广告，能帮你有效地招商。殊不见很多公司办记者会、办免费讲座、办研讨会等，都是为了营销企业品牌。当你有机会受邀演讲，你既可以帮公司营销，又可以帮自己营销，还可以安全地练习演说技巧，并且获得微薄的酬劳。这么好的事，要多多益善啊！

只要你就职的公司不反对，就可以开始拓展这条收入线。既然有人想听你分享，还愿意花钱来听（有些讲座主办单位是会收费的），为何不将它做大一点？怎么做大？很简单，就在演讲结束时跟每一场的来宾说："因为时间的关系，今天的分享内容有限，若贵公司需要更深入的解说或客制化的内容，欢迎课后保持联系，以下是我的联系方式。"你每一次上台，都等于播下未来场次的种子，只要你记得自我宣传一下，不要连联系方式都不给，这其实对公司并不好，更不会对你自己的品牌好。

这些种子播下去，有些一定会在未来开花。如果演说内容十分精彩，对来宾有实质的帮助，那你就顺势累积了一些听众。如果你运气好，台下会有些企业家或有影响力的人对你印象深刻，课后就有机会展开对谈，与你进行商业上或私下的合作。如果你此时的身份还是上班族，你应该以公司身份合作；如果你已经离职、自行创业，那这些合作机会很可能成为你创业后的第一份收入。

（2）另一棵果树

当"低处的水果"摘完之后，你有两个选择。第一个选择，拿梯子来，继续摘更上面的水果，即在讲师领域深耕，直到你可以凭借公开招生或企业内训来维生。

第二个选择，找到另一棵果树，摘那棵树上低处的水果，即选择当咨询和顾问。因为你已在职场上打拼多年，累积了相当丰富的行业经验，不时会有人请教你，他们可能是同事、属下或客户，又或者是朋友，甚至是Meta上只有弱连接的网友等。事实上，当你的行业高度越来越高，来询问的人就会越来越多，这还只是在你的个人品牌正常运营的情况下。如果你有写博客，或在社交媒体上很活跃，拥有很多追随者，光是回答问题，你可能就得花上好长一段时间。

我建议的做法是，把最多人问你的问题列出来，然后写成文章公开发表。这样做有四个益处：第一，你不必一直重复回答，可以节省时间。第二，练习用不同方式回答，可以锻炼你的表达方式。第三，写下来的文章将是你的数字资产，如果你一直用说的，就很难将其转换为资产，除非把它变成Podcast。第四，最重要的是你将开始累积观众，这些观众将会是你未来将个人品牌转成事业的重要基石！

通常，当我们在职场上被认为做人很成功时，我们经营的应该是个人与个人的关系，而非个人与公司的关系。前者的意思是就算你离开公司，你和客户之间的关系还是很好，他们应该会跟你保持联系，你很可能会跳槽到别家公司，然后跟他们再度开启新合作。我不说业界潜规则，也不想涉及职场伦理，总之，你不该离开公司、没了公司光环，就没人喜欢、没人理了。当你恢复自由之身，很多你曾经帮助过的客户可能需要你的行业经验或能力，此时你就可以为他们提供单次咨询或顾问服务了。记住，不要常常免费聊，当你成为自由创业者，你的时间非常宝贵，比上班族的时间还宝贵，初期一次两次的免费体验或免费顾问试用是可以的，可以当成营销成本，但绝对不能免费长时间提供咨询服务（非常好的朋友除外），那只会浪费你的时间，而且显得你的专业服务很廉价。

就我来说，当我离开百万年薪的职位后，半年内接了4家公司的顾问工作，每家公司给我3万～5万元，刚好与我当上班族的收入持平。我的顾问契约是每半年签一次，每周跟客户开会2～3小时，提供运营上的营销策略，解决他们的一些问题，以及训练他们内部的员工。半年合约到期，我都没再续约，并不是客户不愿续，而是我决定不续，因为我发现当顾问很辛苦，而且这份工作并不等于自己的事业，本质是在为别人的事业作嫁衣。但我之所以脱离职场，不就是因为想创立自己的事业吗？

从总经理转变为一人创业者，我初期的收入来源是公开班课程收入加顾问费，整体来说，这些收入并没有比当上班族的薪水高，而且最烦恼的是收入很不稳定。不过，至少这两份收入让我不至于每天“吃土”，基本上，我们家还是维持与之前一样的生活水平。在此要感谢那段时间上过我课程的学员，以及相信我的客户。在我这个职业生涯转换期，他们帮助我度过了一段艰难时期。

创业的头两年，我每天更新博客，虽然现在回头看，很多篇都为了写而写（为了SEO流量），但由于自己的事业才是我的重心和未来，所以除了写博客，我还勤奋地运营Meta，主动去加朋友的朋友的朋友，也就是不认识的人。我心想，每一个Meta好友都是潜在客户，只要我的内容足够好，他们就会开始关注我。Google和Meta是网友爱用的两大工具，也是两个最大的网友聚集地，所以我双管齐下，Google方面，则靠内容引流，这是被动、长期的策略，而Meta方面，则采取主动、短期的策略。当一个人有才华和能力，且想要建立个人品牌时，就应该充分利用好这两个工具。两者需均衡发展，缺一不可。

（3）组团购

利用个人品牌最容易变现的第三个起点，是网站广告？业配文？办活动？——都不是，我觉得是“组团购”。

上面说了，博客内容要累积够多、够久，才会开始吸引流量，你才会有广告收入，但如果你的Meta有超过1000名好友，其实更快的变现方式是“组团购”，就是你当团长来组团，然后想要的人留言，你再赚取中间价差即可。当然，很多团长都是佛系在做，自己不赚中间的价差，这点其实跟当顾问很像，一两次不赚钱没关系，但不可能永远不赚钱。如果你认真地想变现，赚到了钱，才能把服务做得更好，这份工作才能持续下去。电商在台湾已经非常成熟，经济规模已达兆元，也就是说大家早已习惯在网络上买东西，这个行业没有太多观念上或技术上的门槛，唯一的门槛是信任，但他们认识你，知道你跑不掉，所以连这点问题也解决了。唯一的挑战就是找到好商品，只要你团购卖的是好商品，光是靠你Meta上的好友，都可以一波一波地赚钱。

我有位朋友是一名果农，他家出产的凤梨干鲜美好吃，每年都卖光光，他也没有勤写博客，甚至连粉丝团都没有，就只在Meta的个人账号上卖凤梨干，都有一堆人等着团购。他的好友数不多，但是有超过3万人追踪！（记得把你的追踪功能打开）为什么他会有这么多人追踪呢？因为他把他的生活全公开在Meta上，他真实不做作又搞笑的个性，吸引很多人关注，也让他能顺理成章地贩卖自家商品。

当你有了观众，你等于有了叫卖权，你不需要真的变成很老练的业务员，只需要真实地分享自己所用过的好物，跟厂商谈谈看能否合作组团，就可能获得收入。很多厂商并不排斥，会让你试试看，谁会嫌生意多呢？从实体商品（凤梨干）和实体服务（形象照）到数字商品（线上课程）和数字服务（网络架站），所有网友会花钱的地方，都有你的组团机会。

我再举两个自身的例子。第一，我上过一个财务老师的线下课程，自己觉得非常棒（全台湾居民都应该要上的那种棒），于是我帮他在台中组团，然后谈好佣金比例，就这样让我赚了好几波。第二，我认为每个人都需要有专业的形象照（个人品牌很重要的一部分），于是我找上了摄影技术数一数二的摄影师，他是一位帮一些知名艺人拍照的大师，我帮他组了一团拍照业务订单，服务我的博主学生及朋友，这样的组团讯息也只在我的Meta账号上公告，让我赚一点零用钱。总之，组团的原则就是你自己用过且喜欢，然后知道你的朋友也需要、也会喜欢，便可大方地来组团。他们原本就有需要，通过你的团又可以获得折扣，这是一种三赢的合作，何乐而不为呢？

以上是我认为个人品牌变现的三个起点，都算是“低处的水果”，你随手可以摘到，但前提是什么？是你真的有能力，做人成功，拥有一群信任你的粉丝。若你觉得以上的变现方式很难，那就请再回头想想，自己是否已经具备了这三个前提条件？如果还没有，请继续努力！

3 个人品牌变现的四种方法

从互联网起家的个人品牌事业有四种变现方法，由简单到困难分别是：

（1）流量变现

我们努力把一个网站的流量做起来，并且申请联播网广告，例如Google AdSense，将广告代码放在网站上，就会出现广告。当网站有流量，这些广告就会被看见；浏览量越大，广告被看见越多次，你的广告收入就越多。这里的学问是，广告要怎么投放、投放多少，在什么位置投放什么形式的广告效果更好。如果你追求流量的变现，你该做的是尽力冲高流量，包括更新频繁，也许一天3～5篇文章或新闻，做好SEO，让搜索流量也增加起来。另外，广告位置的摆放可以持续优化，可以自己试错（trial and error），或是交给专业的团队来代理，很多博主光靠流量变现，年收就可以破百万。

如果你运营中小型内容网站、内容农场或心理测验类网站，光靠联播网广告就可以获得很不错的收入。但由于流量竞争激烈，这无疑是一个耗时的累积过程，从零开始到年收百万是一段蛮辛苦的路，只能硬着头皮走，没什么投机取巧的捷径。

（2）内容变现

内容本身就可以赚钱，第一是有人买你的文章，你授权给他们，一篇数千元不等，这样的文章跟流量无关，单纯就是一个商品，你的产出卖给有需要的人。第二是创作有助于商品销售的内容，像电商的广告文案、商品介绍页上的多数创作都是为了促使消费者下单。内容本身会激发购物欲望，让看到的人想跟着你买东西（这些东西不一定是你拥有的，你也可以参加联盟营销帮别人卖东西，再要分红）。

如果一个网站卖自己的东西，再利用创作来劝购，我认为都算是内容变现，因为这些创作内容都有可能会转换成订单。博主当然可以从事电商，除了卖实体商品，还可以卖数字商品，例如电子书、线上课程、VIP会员订阅服务等。此时，我们创作内容的方向就要调整，从冲流量转为刺激销售，而在这之前，我们最好先设定目标对象，知道要卖给谁，才知道该怎么写文案。

（3）专业变现

有没有可能我不频繁更新博客，也不想在网站上卖数字商品，但我还是想利用互联网赚钱，贩卖我的专业能力？例如，我是潜水教练，我想让更多人知道我的服务，该怎么做？

有个营销案例是这样的：假设你是一位铲雪达人，想给邻居铲雪赚外快。第一种方法：你拿着一把铲子站在路边，背着一个广告板，上面写着“十元铲雪”，然后看有没有路人经过并对广告内容好奇。第二种方法：你挨家挨户敲门找客户。第三种方法：你看天气预报说明天会下雪，于是你前一晚去客户家敲门，请他们预约铲雪服务。第四种方法：你收集他们的E-mail地址，然后在下雪前夕写E-mail问他们。

上述案例告诉我们：

应该将“专业”主动推到客户前，让他们知道；

收集E-mail很重要；

成立你的网站，并把这个网站做好。在网站上放一个“名单收集器”，给他们免费的“潜水新手须知十件事”

电子书来交换联系方式，当然，若你喜欢用Meta／LINE也可以。

（4）品牌变现

品牌变现的方法更是无限，包括举办线下活动、举办联名活动、贩卖品牌周边商品、担任企业顾问、出版实体书、担任评审或特别来宾等，这些都可以实现盈利。有了品牌，等于你容易被优先点名，在业界是标杆性代表，到了那时，钱会自动上门。有了品牌，赚钱机会也会比较多，定价也可以比较高，因此利润更高，可营销预算更多，贵人就更多——产生雪球效应，大者恒大。

以上四种变现方法都有人实践，没有哪种一定比另一种好。假如你不喜欢露脸，那就默默培育网站流量，打造个人网站的品牌即可；假如你愿意露脸，就多亲近粉丝，展现真实的自己，可以赢得更多信任，帮助个人品牌的建立；假如你没时间（或不擅长）写作，但有某项专业能力想卖，你还是必须收集客户名单，才能确保客源的稳定。如果都没有这些顾虑，你喜欢创作、愿意露脸、拥有专业能力、想尝试多元的收入渠道，那我建议你把眼光放远，直接攻顶，去挑战品牌变现。因为唯有将自己放在最高的战略位置，才能看清并跟上世界的潮流。

对大多数博主和从事网站创作的人来说，他们都是从努力做出好作品开始的，占领关键字，质和量一起冲，去取悦读者和搜索引擎，尝试流量变现。他们很少会买广告来冲流量，主要靠自然流量来慢慢累积，但当流量达到一定规模时，他们必须做出抉择——是否要请助理来维持同样的收入。这里的风险是Google和Meta的运算法会变，花钱请人创作内容，维持一定的产出，很可能只维持一定或小幅的收入增长。以投资报酬率来说，我们必须拿捏得十分精准，才能实现步步高升。加上如果没有多余的预算去投放广告，网站成长速度比较慢，这些使得流量变现变成一条辛苦的路。除非此人对创作十分热情，可以大量且稳定地产出优质内容，否则难以突破创业前两年的黑暗期，迈上有付出有收获的健康轨道。

为了确保这条路是条商业大道，在流量变现的基础上，我们力求内容变现，但当你把卖商品的概念加进来，很可能得重新思考创作的方向。此时你必须想你要卖什么东西，谁会买，然后写出适合的文案。从流量变现到内容变现的初步转换就是撰写“组团购”的广告文案，你写的东西关系团购的成绩，必须像是情景文案、使用者见证、产品功效描述、竞品比较等的内容才会有效。当然，你长久以来所建立起的与客户之间的信任，也会成为销售的关键因素。

内容变现的另一大好处，就是可以投放广告来加速网站的成长。你卖东西，有立即可见的营收，可以拿营收中一定比例的利润去投广告，利用杠杆创造出更多的营收。如果一切顺利，投报率是正值，你的现金流就会快速增加，此时又可以请员工来处理销售，形成一个良好的营收系统，赚更多钱，同时提升网站价值。

再来，虽然你一开始是卖别人的东西，但为了增加利润，可以慢慢变成卖自己的东西，而利润空间最大的商品还是数字商品，因为其无商品库存问题，无须物流包装，无须支付高额的客服成本。例如，贩卖自己编写的电子书或线上课程，就是从内容变现进阶到专业变现。当然，前提是你要有专业能力啊！如果没有某项专业能力，凭什么收费教别人？

吃喝玩乐是不是专业能力？我认为一半一半，它可以当成“副专业”，但当“主专业”有点太平凡，门槛太低，所以竞争就大；竞争大，收费就不可能太高；收费不高，利润就不高，这与专业变现的目的不符。

有没有可能就建立一个网站，上面写着你的手机号码，有需要预约潜水课程的可以直接打给你？其实这就是公司的形象网站，但我前面说了，你最好还是收集网友的E-mail地址，这样才算得上是网络营销。而且你不觉得，你已经千方百计把人引到网站来了，没做点什么online work（线上工作）很浪费吗？如果你给他们提供一本免费的“第一次潜水就上手”电子书，在里面置入你的联络方式，这样的转换率才会更高啊！

最后是品牌变现。简单来说，就是要“浑身是案”“处处是机会”。我们拿著名女星林××当例子好了。假设厂商跟林××谈好可以请她帮忙，当然会付她一笔钱，那我们该如何用她呢？可以是代言，可以是肖像授权，也可以是我出专辑，请她跟我合唱一首歌。不管用法是什么，之所以这场合作能变现，是因为她的个人品牌号召力太强，辨识度、信任感、友好度都很高。所以只要我们能够发展出正面鲜明的个人品牌，那么我们会如何被厂商利用，便是实现个人品牌变现的关键。我们要做的就是一直保持良好的形象，持续加深大众对我们品牌的认知，将我们原本该做的事做得更好，这样名和利就会自然出现。

品牌变现，让扑克牌变钞票

阿萨德·乔杜里（Asad Chaudhry）

魔术师、YouTuber创业家阿萨德·乔杜里，在硅谷当电机工程师期间，因缘际会开始做自己的副业——在YouTube频道上教授用扑克牌变魔术的手法。他不是专业的魔术师，只是从小就有兴趣。YouTube频道上聚集越来越多观众后，他开始推出收费课程，还创立了自己的扑克牌品牌“mint”。每次他推出新品，都会去Kickstarter网站上募资，都能获得比预期还好的结果。最后他毅然辞去工作，全职创作更多内容，成立自己的公司，并发展出一项魔术及扑克牌相关事业。他自认这是他人生最好的决定，虽然他爸妈仍不时问他：“何时才回去上班？”

阿萨德的网站品牌52Kards成立于2011年，从同名的YouTube频道开始经营，提供了近300个免费教学视频，给想当魔术师的人提供全面的线上学习资源，目前订阅人数已高达112万。阿萨德认为学习魔术是一个非常有益的过程，会带给你许多惊奇、有趣的时刻，并容易与他人产生联系。虽然在YouTube频道上有很多与魔术相关的频道及内容，但他认为大多数的内容品质都很差，这是一个市场痛点，所以他尽可能去改善。

阿萨德从未想成为一名专业魔术师，即上舞台表演的那种，也许是作为工程师的内向个性使然，他比较喜欢自我研究以及理论实践。但他还是成了魔术师，谁说魔术师都是戴高帽、举止浮夸、打扮华丽的那种？他身为一名YouTuber，也观看并订阅一大堆不同类型的视频频道，包括科技评论、游戏、美食等，这些给他不同的想法和启发，以及可参考的商业模式。他是一名有热情、毅力的创业者，非常值得我们学习。

4 流量与信任，孰轻孰重？

回到流量的问题上。有朋友问我，发展个人品牌是不是只要写出好内容，把一个网站的流量做起来，就能创造收入了？如果你也这么想，那就搞错了努力的方向。我的答案是：个人品牌不是靠流量赚钱，而是靠信任赚钱，而且所有的品牌都是。

在个人品牌发展初期，流量和信任会重叠，就像是两列火车共驶一段铁轨之后才分开，但我们身为驾驶员，必须清楚且坚定地驶向信任这一条路，而非另外一条路。当我们心中的目的地不一样时，过程和结果就会不一样。在发展个人品牌上，信任的培养比流量的培养重要多了。一开始也许看不出来，“流量火车”可能会跑得比较靠前，轰隆隆地叫，比较引人注目；但“信任火车”则紧跟在后，虽然难被觉察，比较隐蔽，但非常重要。

当我们网站的流量做起来了，我们就可以看到各项数据，不只你能看到，网友也能看到，厂商也能看到，所以你的机会开始变多，你会觉得自己“红”起来了，有品牌了，然后就自认为达到个人品牌变现的境界了。这种感觉并不完全正确，你的变现可能只是流量变现，并不是个人品牌变现。

想知道两者的差别，最简单的测试方法就是直接卖东西给粉丝。如果效果不错，转换率高，那就不完全是流量变现；如果卖不动，那可能就仅是流量变现。当然中间还有若干因素干扰，但我们必须坚持往信任这个方向前进，千万不要为了冲流量而走偏。

深入比较两者。若你走在流量这条轨道上，那你追求的就是无止境的内容创造，用量取胜，无须跟读者建立什么联系，他们也不会想跟你建立什么联系（你会想跟新闻网站建立什么联系吗？）。为了流量，你必须冲量、求广，所以就算某天你卖东西，可能也会被迫采用低价和薄利多销的模式。因为你的内容多而广，每则内容的价值可能就不高，所以你可能会培养出一群“重量不重质”“求广不求深”“无视品牌、价格导向”的潜在客户。因为你的品牌定位正是如此，你这列火车上乘载着的正是这样的客人。

另外，如果你走在信任这条轨道上，你追求的是客户关系的深化，最有效的方式就是一对一营销。用极端的例子来说明，每天你花1小时为1位读者提供免费咨询，一年下来也才面对365位粉丝，去掉那些过河拆桥的人，算300位粉丝好了，你需要花上3年多的时间才能达成拥有1000位铁粉的目标。这听起来很慢、很傻，但一旦实现目标，你的“信任”资产将十分庞大，也许30年都花不完。当你开始卖东西，他们会因为你而买，对价格的敏感度较低（除非是奢侈品），因此你有机会获得较高的利润，这都要归功于你的品牌价值。对我而言，品牌价值就是定价（能被市场接受）的能力。

很多博主的网站是没什么流量的，甚至连网站都没有（但这就不及格了）。然而，他们借由别的渠道累积信任资产，一样可以在需要的时候变现。另外，许多博主仍在辛苦地冲流量，一心只想发流量财——当然啦，两种资产并不冲突，都有最好，但重点是要增强粉丝对你的信任，这会比你默默地培育流量事半功倍，而且来得长长久久。因为流量来得快去得快，而信任来得慢，消耗得也慢（只要你不出大差错）。发展个人品牌是一场持久战，我们卖的是信任，不是流量。流量可以一夕暴冲，但信任却不行，所以如果你问我个人品牌要多久才能变现，我会说至少2年，但3年以上也不意外。冲流量可以加速这个过程，但并不保证效果。

那要如何增强信任呢？第一，要露脸，知道你长得是圆是方，能加强读者信任。第二，要成为某领域专家，具备权威性会让大家倾听你的发言。第三，要无私地帮助别人，至少在头几年。因为说实在的，在开始时，没人对你有兴趣，也没人真的在乎你，每个人都只在乎自己。粉丝之所以看你，是因为你可以解决他们的问题，让他们变好，这是他们唯一在乎的事。第四，要有自己的立场，这倒不是在搞切割、精算市场规模，只是证明你在做自己，是一个真实的人。第五，要有一群相互信任度高的好友。有句话说："我们是5个身边朋友的平均数（You're the average of the five people you spend the most time with.）。"如果你常与声誉好的人在一起，那别人自然会把你归到可以信任的人群中，这像是一条取得信任的捷径，但你也知道，诈骗分子也最爱用这一招——通过和知名人士合照来沽名钓誉，所以你还是得小心，尽量不要给人留下那样的印象。

创作优质的内容，当然是提升流量和增强信任的共同方法，但我们要谨记取得信任才是指引方向的路标。所以我们要走入人群，跟他们建立联系，不仅是在内容上跟他们有连接，在情感上也要有。有很多方法可以操作流量，虽然也可以操作信任，但重点是要付出真心。所以，在个人品牌变现之路上要有耐心，赢得信任是急不得的喔！

5 如何研发可变现的数字资产?

(1)创作越多越好的课程

在互联网上创作，所有的内容都是你的资产，但这些资产实际上该如何变成即时收入，其中一个方法就是将之包装成一门课程。上大学要付学费，去学才艺要付学费，学习线上课程当然也要付学费，也就是说，付学费这个规则大家习以为常，无须再花精力和时间去教育消费者。我们要顺势而为，把自己掌握的知识设计成一门课程，然后卖出去。

一门课程的时长短则1小时，最长可达50小时。如果是语言类的课程，则可以长长久久，无限期地一直教下去。以线下课程为例，我们先看最常见的两种：一种是3小时（半天，一个时段），一种是7小时（全天，两个时段）。

首先，你的专业知识必须能撑起3小时时长的内容量，如果还不够，请继续累积。把你掌握的知识编排、分段，并按顺序做成简报。一份时长为3小时的简报，至少要有

50～100张PPT，再视个人风格，针对是着重口述部分还是着重简报呈现效果来调整。我建议要慢慢找到最佳平衡点，这要靠经验累积和大量练习。

线下课程和线上课程的学习情境不同。线下课程必须有互动，还要让学生思考、讨论、随堂练习，所以简报可以少一点，可以请他们将重点抄下来。线上课程就较难互动，必须清晰呈现重点内容，口述的部分在于补充信息、解读案例等。我建议大家要线下课程、线上课程齐抓，使你的知识变现效果最大化。

线下课程因为有互动，教师功力够不够深厚一看就知道了，你对相关的知识领域的认识必须深入再深入，当老师的，怎可比学生还肤浅？学生中可能有厉害人物，比如具有影响力的意见领袖，他们付费来上课，若没有得到满意的效果，很可能会影响你未来的招生。我再把话说得极端点，线下讲师只有一次机会，若是随便乱来、搞砸了，会一次就毁掉自己的口碑，可能再也无法顺利开课，所以一定要准备好再上。

但我们如何知道自己是否准备好了？很简单，你需要先模拟练习上课，然后根据学员的意见反馈、眼神互动、课堂参与度或课后的学习成效来确认。最佳的模拟练习场景就是办线下网聚，然后给来宾上课。想象他们付了500元参加读书会，看你分享专业知识3小时。你借助华丽的简报展开生动的演说，散场后来宾们感觉思维被启发，探求知识的欲望被大大满足，如此，他们会给你好的反馈。慢慢地，你就知道自己准备好了！

线上课程通常不是直播，允许有失误，也可以事后弥补，利用剪辑来呈现最佳效果。假设你开一门课，叫作“如何完成魔方的六个面”，你可能不是那么厉害，要花上10小时才完成，但没关系，你可以利用剪辑，让大家跟着步骤学习，这样你就不会露出马脚。因此，线上课程的老师可以慢工出细活，临场反应能力或口才就显得不那么重要，反而是以内容取胜。

但学魔方在YouTube上就有免费教学视频了，为什么有人还要花钱学？这是个很棒的问题，因为不只是魔方，99%的知识或才艺在网络上一定都有免费教学，只要你花时间找或能看得懂不同语言的资讯。因此，线上课程的重点在于省时间，你能帮学员省下时间并用最有效的方式达到目的。

很多主题和领域都有人在教，但并不表示你不能进入。如果这个市场需求够大，你永远都可以进去，例如职场关系、两性关系、个人品牌——问题不在于有没有人教过，而在于你的内容够不够强。反过来说，如果你本身不够强、不够专业或了解得不够全面、深入，就很容易被学生问倒，这才尴尬了。有人说“讲师不看书，哪有资格教书”，所以你必须走在最前面，懂的比别人多，而且还要教人教到会，你对知识的渴望和进步的速度应该要比别人强和快才对。

你的专业知识和人们愿意付费学习的内容，是否会重叠？若你真的没有原创内容，也可以去各大教学网站、线上课程网站，看看上面有怎样的课程以及哪种课程最多人上，然后你看看是否有机会挤进去争得一席之地。台湾线上课程网站有Hahow、Yotta、Udemy、钟点大师、PressPlay等，只要认真研究这些网站和它们的课程内容，就可以尝试设计你自己的课程。看看别人课程的架构、大纲、目录、案例、练习等，同时也学习他们的招生文案、图文编排。这样说好了，身为老师，自己不买课程上上看，怎么能卖课程呢？花点小钱投资自己，为的是赚大钱享受未来，网络上光是关于公开课程的包装方式，就足以让你看见知识变现的多种方法。

（2）录制教学视频

请一定要实践，因为这真的需要练习，不要用想象的。

Meta直播可以当作练习，然后回看自己哪里需要改善。再来，你一定要学会操作一种视频剪辑软件，Mac系统是用iMovie，再进阶到Final Cut Pro X；Windows系统通常是用Adobe的Premiere Pro。不管是找网络上的免费教学视频，还是付费去买线上课程（刚好可以看看别人的课程编排，一举两得），建议大家一定要学会视频剪辑，这是发展个人品牌事业中很重要的技能。

（3）持续精进简报制作能力与训练口才

除了上课，你还可以去SlideShare网站学习借鉴全球的优秀简报作品。简报的规划（心法原则）、技术（按钮功能）、编排（美学）都是不同的学问，做简报是一段漫长的经验累积过程，但你总得开始才会有进步。

有些讲师天生口才好，有些讲师则靠充足的课前准备工夫。市面上有很多关于口才及声音训练的课程，讲师可以通过大量观摩和练习来加强口才训练。我认为当讲师只要发音清楚，没有太多赘字，没有一再重复的口头禅就好——内容还是胜过一切。

把自己会的东西编成课程，摇身一变成为老师，你可能会觉得有点不自在。但相信我，这是有必要的，未来任何一个人都很有可能是某些人的老师，你若没有自己的课程，就少了一个可卖钱的商品，对于个人品牌的变现渠道来说，就是缺了很大的一角。

十多年来，我把个人品牌的收入类型整理成表格，如表3-2所示。

表3-2　个人品牌收入类型

难度	卖专业	卖广告	卖文字	卖商品	卖形象	其他
★	工作竞争力→加薪	边栏广告	投稿	组团购	办线下聚会	参加活动
★★	受邀演讲	写广告文	专栏	经销拆账	电视通告	主办活动
★★★	开班教学	影音/直播	出书	专职卖家	虚拟人物代言	技术服务
★★★★	内训讲师	直接赞助	剧本/企划	海外代理	成为艺人	经纪人
★★★★★	顾问	签年约	卖电子书	自创品牌	肖像授权	会员收费

我创业后通过卖专业、卖广告、卖文字等获得过收入，让我比较有信心去教导别人如何创造多元收入。我把收入类型分成6种，对每一种类型划分5个不同难度等级，一共有30种赚钱方法，我相信每个人都可以找到适合自己的几种方法，来创造多元收入来源。

这张表也可以当作游戏地图，上班族从左上角“工作竞争力→加薪”那一格开始向外拓展，就好比游戏角色成长的技能树，尝试一格一格地“攻城略地”（赚钱）。所有的自由工作者、博主、网红或任何想要“斜杠生活”的人，都可以将此表作为蓝图，发掘自己的金矿。

当然，世界变化如此快，赚钱方式在不断推陈出新，这份表无法涵盖全部，但我相信赚钱是这样的：每个人只要努力，迟早会卡在一个位置。在这个位置上，只有你（或少数的人）可以赚到这个钱，或应该说，你迟早会找到一个舒服的赚钱位置，然后你可以选择，要么加码深耕，要么跨界跳格，让“游戏主角”持续升级，解锁更多“宝箱”。

6 没有“免费的专家”——谈收费机制

对于个人品牌来说，有了商品以后，包括你的电子书、线下课程、线上课程、订阅制服务、一对一顾问服务等，都不可避免要依商品价值来定价。但很多人一开始并未规划要做什么事业，所以很多时候都是免费给干货，免费创造内容给网友看，但这条路走到最后一定要定价，不然对你、对你的读者都不好。

英文有句话：“Freebie Never Wins.”。Freebie就是那些免费付出的人，当我们初出茅庐的时候，希望快速获得关注，提高曝光度，所以我们愿意免费写文、创作娱乐性或教育性的优质内容。但如果你有意发展事业，成为某一领域的专家，不赚钱是不可能持久的。一般来说只有两条路，要么商业化，要么消失。既然如此，我们何不从一开始就表明立场，让大家知道你是有价的，让他们习惯找你是要付费的，因为真正的专家本来就是有价的，你若想当专家，就得敢于收费，认清这世上没有免费的专家。

另外，正因为你是专家，你教导的学生希望从你身上学到东西，那么学习效果就很重要——而事实是“学生付的钱越多，效果就越好”。太多实验和经历都能证明这一点，当我们获取某样知识的成本越高、门槛越高，我们就会越珍惜这一知识，越有可能运用这一知识，因此学习的效果就越好。

就像追逐梦想一样，梦想越难实现，我们越会努力，也更加尊重自己的梦想。相反地，如果梦想轻易就能达成，我们往往不会用尽全力。学习知识或技能也是类似，有人付了高额学费参加一个线上的励志课程，他的好友跟他要账号把所有讲义和资讯全下载下来，等于免费获得这个课程。几个月之后，有人去比较这两人的学习效果，付钱的那位收获显著的学习效果，免费获得课程的那位连看都没看。

其实这很正常，我们每天在网络上看了很多免费的“干货”，会想着先存下来，以后有时间再慢慢看。但我们到后来是不是越积越多“干货”，根本就没看呢？为什么？因为我们是免费得到它们的，不懂珍惜。

但假设你花了2万元的学费来上一门课程，你会如何表现？可能会一不懂就举手发问，课后复习好几遍，想把这2

万元的价值最大化。这证明，你付出的努力越多，学得越好，所以作为一位尽责的老师，我们应该设法提升学员的学习成效不是吗？

关于产品定价，基本上有三种方法：

①行情。

假设你教网络营销，就到处去看看，把市面上的行情价平均一下，找到大家应该能接受的价格范围。

②个性差异化。

个人品牌事业基本上不算有竞争者，纵使很多人都在教网络营销，但每位老师的经验、兴趣、个性、表达方式都不一样，所以会出现学生喜欢A老师，不喜欢B老师的情形，先不论哪位老师比较厉害，但只要你敢教，就一定会有人选择你，这是磁场问题、缘分问题，而不是专业问题。你将自己的服务定价高，服务的人数就比较少；你定价低，就能服务较多人。但谁比较赚钱则不一定。

③学生得到的价值。

假设我教你如何做好吃的面线，你学成以后可以营业赚大钱；或是我教你网络营销，告诉你如何利用E-mail名单卖商品——课程或服务，你可以从学生角度来思考相关策略。这也是为什么财经、炒股的课程一直很热门，因为大家都爱钱。当他们听到“学成后月入百万”“年投报率超过20%”这类的宣传文案，就会心动。他们会把学费当作投资成本。

我的建议是，定价宁愿高不要低。因为价格高，才能显示你的身价，如果没有人来报名（或买你的服务），你得继续努力把价值做出来，慢慢增强所谓的“对价感”，直到有人承认“你值那个价”，愿意用钱来证明（如报名课程、购买服务）。千万不要降价，不会买的人多数也不会因为降价就购买，不会买的人就是“什么都不买”或“永远不可能跟你买”，售价并不是问题，顾客对你的价值感知和你自身的特质才是问题。前者比较容易改善，后者比较难，并且也不一定要改。因为打造个人品牌就是要注重个人。不要为了那些不买账的人去改变你自己，那一点也不值得。

发展个人品牌事业其实还有一招，就是开辟两条路线，例如同时推出两套课程，一套免费，一套中价位，让免费的课程成为你的诱饵，也就是营销工具，中价位的课程成为生财工具。两者的品质要一样好，特别是免费的那套，你没听错，免费的那套课程要非常好，好到让人忍不住想买你的另一套付费课程。当诱饵的免费课程建议不要太长时间，但一定要精彩，让看的人意犹未尽，有物超所值的感觉（虽然是零元，但观看时间也是一种成本）。如果还有余力，可以再研发一套高单价课程，称之为进阶课程，卖贵一点，这是为了延续你中价位课程的客户价值，让他们不要看完中价位课程就感觉通关了。慢慢地，你开始累积课程资料库，当你有了课程资料库，你的被动收入才能滚动起来，课程卖得出去，学生进得来，知识变现发大财。

若是你的学说或知识内容可以发展出5套线上课程，我建议的课程设置是：

①免费课程：不要太长时间，作为营销诱饵，最后放上优惠码，鼓励学员付费买其他课程。

②超低价课程：不要太长时间，目的是让学员成为你的付费客户，加上使用优惠码，学费定价在99～299元之间。

③中价位课程A：你的主力商品之一，定价在1000元以上，但不要超过3000元。学费×人数＝总收入。

④中价位课程B：你的主力商品之二，要保持降价的弹性，三不五时可以来个限时优惠，以增加学生人数。

⑤高价课程：你的超高利润商品，定价至少3000元以上，报名人数不会多，但利润应该最高。没人买没差，有人买就是多赚的，用于培养及维系铁粉。

课程可分为一次性和延续性，例如魔方教学、架站教学、软件使用等课程应是一次性的，学会了就会了；而语言教学、金融投资、时事解析等课程就具有延续性，可以一直教下去。身为老师，你也要分清楚，有些课程属于一次买断式，买下一个课程可永久观看；有些属于订阅制，每个月付费才能一直看下去。两者各有好坏，若你觉得延续性课程比较好，可以一直源源不绝地教下去（这就等于有源源不绝的收入）。如果想把一次性的课程变成延续性的，怎么做？很简单，就提供案例。例如“学会用After Effects剪辑视频”这个课程可以是一次性的，也可以是延续性的，只要定期提供After Effects某个特效教学案例即可，这样你就能源源不绝地赚钱。请思考，你的专业领域有没有什么可一直用的案例？

“玩”出千万价值的个人品牌事业

Kara and Nate

环游世界的同时实现年利润千万元新台币，这是天方夜谭吗？不，这对夫妻做到了！一对从小生长在美国纳什维尔、自高中就认识的情侣，大学毕业后结婚。Kara原本是幼儿园老师，Nate创业开了一家印刷公司，结婚两年后他们计划要小孩，但决定先去旅游，从此走向完全不同的人生道路。他们从2016年启程，预计在2020年走访100个国家，如今目标早已达成，但脚步还是没停下来。

我佩服他们什么呢？他们不像其他YouTuber一样只靠广告分润，因为他们相当清楚这样的话，只要运算法改变，收入就会骤减。他们有营销漏斗的概念，成立个人网站后收集会员名单，拓展其他的收入来源。最特别的是，他们每一季度都会公开收入和支出，免费分享给大家看。表3-3展示了他们2019年第三季度的收支情况。

表3-3　2019年第三季度的收支情况

收入项目	金额/美元
YouTube Ad Revenue（YouTube广告收入）	50707.67
Patreon（Patreon捐款——有点像用户打赏创作者，鼓励他们继续创作下去）	10748.52
Courses（线上课程，两人有各自擅长的部分：男生教“省钱旅行”，学费147美元；女生教视频剪辑，学费97美元）	8889.00
Affiliate Income（联盟营销收入）	28642.53
Video Sponsorship（业配）	50100.00
Total Income（第三季度总收入）	149087.72
支出项目	**金额/美元**
Transportation（交通）	5831.75

续表

支出项目	金额/美元
Accommodations（住宿）	3784.49
Destination Expenses（行程支出）	4672.39
Business Expenses（商业支出）	9382.80
New Gear（新装备）	593.00
Fixed Cost（固定成本）	797.77
Miscellaneous（杂项支出）	494.75
Total Expenses（第三季度总支出）	25556.95

注：Total Profit（第三季度总利润）为123530.77美元。

他们在网站上公布的前两个季度的总利润为：2019年Q1总利润为87686美元，2019年Q2总利润为66265美元。由表3-3可知，2019年Q3总利润约为123531美元。三个季度总利润加总等于277482美元，平均每一季度是92494美元，预估整年的利润是277482+92494=369976美元，按1美元对30元新台币计算，折合新台币约11099280元。

年利润1100万元新台币啊！各位观众！不是收入，是利润啊！从2016年到2020年只花了4年时间啊！而且还是到处去玩啊！住五星级酒店或特色酒店！偶尔还坐头等舱啊！

现在你知道在这个世界上，有人过着这样的生活：边旅行边赚钱，一时出国一时爽，一直出国一直爽！夫妻俩已经制作超过700个关于环游世界的视频，每个视频叠加收益，让全世界的观众付钱给你去旅行——如果这不是美梦成真，什么才是呢？

7 个人品牌之工具应用

这节谈如果想经营个人品牌，你会需要哪些工具，以及使用这些工具时的一些注意事项。

首先最重要的是网站。以长期规划来说，放痞客邦、Blogger等BSP（博客服务提供商）平台只是次佳的选项，我们应该拥有自己的网站。自己的网站包括三部分：自己的网址、自己的空间和自己的内容。想做好一人公司，你必须花钱买网址，网址建议在GoDaddy或Gandi.net买，前者比较便宜，后者可以开发票报账。自己的空间就等于买主机，我推荐在Linode或Google Cloud买，若自己不会架设可找相关工程师。网址和主机都可以花钱解决，属于比较容易的部分，而持续产出自己的内容，才是比较困难的部分。

WordPress（WP）仍是独立架站的最佳选择，网络上有许多免费的教学视频。网站做好以后，就有了博客的功能，你可以开始写文章，写15 ~ 20篇足够长（最好1000字以上）

的文章之后，就可以尝试申请Google AdSense，基本上只要内容不违规都会被批准通过。被批准通过之后，你就可以开始流量变现，实现最简单的网站赚钱。你如果想靠流量赚钱，就应该写一些比较亲民、通俗的主题，例如食记、游记、电影赏析、开箱测评、心理测验、星座分析、时事评论等，去创造流量。很多博主其实也只专攻流量，优化内容，找最新的议题来写，这没什么不好。

但当然，好还要更好，我说过流量变现会越来越难，这其实是一条蛮辛苦的路，所以我们要继续突破，继续前行。一旦流量增加，厂商注意到你，很自然会进入下一阶段内容变现，也就是广告软文。另外，除了厂商端可以实现内容变现，读者端也可以尝试，就是提供收费内容，例如完全订阅制，只要开一个Meta / LINE / Slack社群，把付费的人加进去，每天把优质内容往群里面发布就好。如果你想要更专业一点，WP有很多第三方程序可用，像MemberPress或Paid Memberships Pro，可以把会员功能整合进文章中，也就是说你设定“会员资格”，然后设定“文章权限”，就只有某些会员可以看到某些文章。

流量变现和内容变现是基本阶段，我建议大家要继续向前走，也就是实现专业变现和品牌变现。专业变现也有很多方式可以操作。以线上课程来说，外部网站的话，有Hahow、PressPlay等平台，或利用Teachable、Thinkific等现成的完全解决方案，你只要把课程内容套上去就好。如果你要在自己网站里做，可利用一些第三方程序，如LearnDash，虽需要付费，但你的线上课程本来就是要收费的，所以这是投资买生财工具。

除非你只想停在营销漏斗的上层，只靠流量跟Google赚钱（流量变现），懒得跟读者互动，否则你就必须从读者中筛选出会愿意向你付费的一群人。怎么筛选呢？你会需要两个工具：第一个是E-mail营销，第二个是Landing Page制作。

E-mail营销的重点在于会员维系。如果你希望有一天会员从陌生读者通过你设计好的客户价值旅程，变为你最铁杆的品牌拥护者，这中间的桥梁就是好的E-mail营销策略。而你需要一个好的E-mail营销平台商，即E-mail Service Provider（ESP），经过长时间的研究，我推荐的工具是ConvertKit和MailChimp。

Landing Page的中文翻译为“着陆页”，听起来可能很怪，通常我们称之为“销售页”或“单一行动页”。为什么要有这一页，不直接连到首页就好？因为该页面的目的就是销售。想象你在Yahoo首页看到一件睡衣的横幅广告，结果点击广告却没看到那件睡衣，这样不是很奇怪吗？这并不是最佳的使用体验，当然也无法促成那件睡衣的销售。

Landing Page要如何制作？如果你用WP的话，只要新增一个“页面”（Page），再用编辑器编辑得美观就好。因为我自己不用WP，所以无法编辑得非常美观，就必须借助外部的Landing Page服务商，我自己做了很多功课，缴了一些学费，最后找到目前用得很顺手的Brizy。

可用于经营个人品牌的工具有很多，其中该付费就付费，但付费的前提是什么？就是你得有产品可销售，这样才可以投下固定成本。不然你维系客户是要把他们带到哪里去？你做“销售页”要放什么内容？再说得极端点——你花钱做网站为的是什么？

使用工具需要练习，用得越频繁，效率就越高。我在选择工具的时候，基本上会考虑几个点：第一，它们是不是正常经营的公司？是否有持续成长？这表示客户如果要求新功能，该公司就会与时俱进。第二，它们的客服态度如何？因为时间就是金钱，遇到问题时请教客服还是最方便。第三，价格是否合理？第四，是否支持中文字体？国外的很多软件都对中文使用者不友好，如果它们不提供中文字体，也至少要能支持Google云端字体（Google custom fonts）。

国外的云端工具又多又好用，有些免费版虽有限制但也堪用，若我觉得某项服务很好用，我会直接付费升级，这不仅能解锁更多进阶功能，也是为了鼓励这些公司，让它们能经营下去，持续优化这些产品，例如直播工具StreamYard、社群音讯动画Wavve、教学软件Crowdcast。若有兴趣看教学视频，可上我的个人网站了解更多信息。

8 个人品牌之个人技能

前述的工具只要花钱购买，再加以几个月的学习即可上手。但创办人的技能并非一朝一夕之功，而是要经过长年累月的累积才能精通。想要创立一人公司的人，可能是由兴趣切入的年轻博主，也可能是背着沉重房贷的换跑道上班族，他们几乎从零开始，没有太多资源（或钱）可以用，所以才逼自己学会多项技能。直白地说，想当生意人，你不能只精通一种技能，最好略懂至少十种技能，因为前者最后很可能落到只能接案的境地，后者才有可能当老板。

当我们的事业开始有固定收入，我们就可以有固定支出，身为数字创业者，我们最大的固定支出就是“外包人力”（我不是说聘员工为内部人力喔！）。因为只有在你忙于重点工作、分身乏术的情况下才会用钱去买时间，唯有在这种情况下，你才能去证明“术业有专攻”。在创业的初期，你真的最好什么都自己干。网络上的免费资源非常多，只要你不追剧，不沉迷游戏，每天早起一小时，保证你有足够的时间把一项技能学起来。如果你还是做不到，如果你不愿意牺牲一些东西去换取更好的未来，如果你再三确定自己是这种人，那当上班族可能是最佳选择。“每个人都不一样，创业者或上班族没有谁比谁好。”你这样告诉自己，会让自己心里舒服一点。

如果问我，最重要的技能是什么，我还是会说写作，没有之一。在网络上创业，你的品牌价值都是写出来的，一盘蚵仔煎可以写成“地中海牡蛎风味意式红酱蛋汁煎饼佐时蔬”，臭豆腐可以写成“瑞士天然酵母加拿大有机黄豆腐佐长野时蔬”。也许你会觉得很好笑，但如果你参与过某些产品的募资专案，拿到实际产品之后，发现实际产品糟糕透顶，就会反思为何你会被某些文字打动。我们都曾经被文字包装误导，因为这些文字太出彩了。我们也可以训练这种文字能力，包括写作、写文案、说故事、列特点、配图说明等，这些都是很重要的技能。不管是产品还是个人品牌，说得夸张点，八成都是写出来的。

产品不好怎么办？如此一来要如何用文字表达？你硬要把一个烂东西写成好东西也是不对的，再厉害的文案大师能做的也很有限，所以才要去优化你的产品，让它能够匹配你想的文字，这是其一。其二是，“产品自己会说话”一说虽然没错，这就是口碑，但一开始还是得主动去宣传，找到突破口，不然这世界谁理你？所以如果你对产品有信心，就一定要把它写出来，好的产品搭配好的文字，才能传递价值，也才可能有人买单。

再来是影像处理的技能，好的图像也会提高价值感和可读性，你一定听过“一图胜千字”“没图没真相”等说法，照片谁都会拍，但差别在于如何呈现，能熟练运用一种以上的影像处理软件是必须的。我自己是用Adobe Photoshop处理影像，有些博主可能会用Lightroom去处理照片，这也很好。这类影像处理软件要熟练到什么程度呢？我觉得至少要能够明白layer（图层）的逻辑，并会简单地裁切、调色等修图技巧。

我的原则是“大视觉请人，小视觉自己来”。大视觉包括网站logo，有了logo就有了色系。如果你经营YouTube频道，大视觉可能就是你的频道看板（最上方的）和视频的开场动画。如果你经营Podcast频道，那封面也要有设计感。所谓的大视觉和小视觉没有绝对的分类标准，我认为大视觉就是个人媒体平台的主视觉部分，能够在第一时间给人留下品牌印象。如果你有预算，请不要随便做，尽可能一开始就好好做，你可以外包给朋友，或者上Fiverr找设计师。其他的小视觉部分则可有可无，如博客文章配图、YouTube视频缩图、Meta帖文配图等，因为网友也许会一眼带过。由于它们会频繁出现，如果每次都外包的话，不仅花钱而且效率低下，还不如自己做，又省钱又快。你应该常访问Canva，熟悉它的界面操作，此外，网络上还有许多免费图库，如Unsplash、Pexels、Pixabay，它们可满足你部分的图片需求。

有一个网站Figma可让你实现协同设计，该功能在很多情境下都会用到，例如，远程工作的两个美编要一起讨论设计细节，或者老板外包项目给一个设计师，然后线上注解他想修改的地方，不必将档案来来回回地寄，只要一起在Figma协作就好，云端自动储存。这个网站提供不同尺寸的版面规格和许多常见的视觉样板，是一个有时间就可以玩玩看的实用工具网站。在使用的过程中，你就会提高自己的视觉设计的sense（审美）了。Figma最友好的地方在于“个人使用”功能是免费的，非常适合自由工作者学习，省时又省钱。一开始，你会觉得制图很难，甚至每个工具按钮的用途是什么都不知道，等到你用多了Photoshop或Canva，自然会发现它们有相似的逻辑，再学习一个新的软件就会比较快上手了。

从文字到图片，再到视频，观众需要的刺激越来越强，想要留住观众，就必须去拍视频。很多人会着重关注影像软件的操作技巧，但我觉得这倒是其次，更重要的应该是你面对镜头的姿态、眼神以及口才。想象你要录一段10分钟的教学视频，在这10分钟内，你要说什么？你要怎么说？可以插入什么桥段让视频显得活泼一点？最后你要如何收尾？这些技巧你需要先学习，然后进行大量练习，直到你感觉自在，才会表现得像个老手，录像时，姿势看起来不会僵硬，眼神不会乱飘，口语表达顺畅等。

视频录好后，你可以自己进行后期制作，我是用Adobe Premiere Pro来剪辑的。自从开始学习剪辑视频后，每回看到网络上剪辑得不错的视频，我就会去拆解作者是怎么做到的。很多酷炫的特效是用After Effects做的，这个我不会，所以这部分的视频后期制作我多是外包出去，我只要拍好原始视频，其他交给专业人员就行。

视频剪辑过程中最花时间的可能是上字幕。网络上有很多号称最快上字幕的方法，经过我的实践和研究，我认为最有效率的工具是一个叫pyTranscriber的软件，利用它的语音AI辨识功能可以自动生成字幕档，再去时间轴上一一微调文字，该视频的字幕档就制作完成了。此时你可以将字幕上传到YouTube平台，让观众自行决定开启或关闭字幕。如果你选择把字幕加到视频里面，你会需要一个软件，把视频和字幕合上。我用的软件叫作“FCT影像转档”，支持调整中文字体、尺寸、底部距离等。

看到这里你可能会觉得创作者需要掌握好多技能。但“文字创作＋图片处理＋视频制作”技能的组合对于创作者而言只是基本功，这是你本来就应该会的，如果不会，就无法跟上市场趋势和满足网友喜好。经营个人品牌是要上战场打仗的，而业务营销正是你发动攻击的主力武器。你有了好产品，不会卖也是白搭，所以如何提升业务技能呢？或如何找到愿意买单的客户呢？

如果卖的是数字产品，你的业务营销技能在初期等同于文案写作技能，因为此时你还很少面对人群。但到了后期，你可能要办线下聚会、签书会、大型演讲等，这时就必须要现身与人群互动。但我觉得到了那时候，你已经充满信心，粉丝也会引导你如何做，你也不必再硬式销售，只要做好自己便已足够。

会计则不需要自己做，可外包给记账人士，每月付他2000元上下的记账费就好。法务也不需要自己来，请找家法律事务所配合，平常没事花不到钱，但如果有人盗用你的图文，就可采取法律手段向对方索赔，这也是一种运营方式。

如果有天你忍不住想聘员工，请先问他是否愿意以外包的方式来配合你的工作。他若有成立公司就好办；若没有，也可以顾问方式合作。“请神容易送神难”，以我并非十分严谨的经验来统计，你雇了5个员工，只有1个员工会让你满意，于是你花资源培训他，结果那唯一好用的员工不久后就被人挖走或自行创业去了。这也是为什么我不想再雇员工，宁愿全部用外包的方式进行合作。

最后一个技能，我觉得大家都需要掌握，就是保持对市场的灵敏度。你虽然不必紧跟网络趋势，保持自己在第一线的嗅觉，但至少要明确地看见整体大方向。例如，YouTube是第二大搜索引擎，如果你在文字上的SEO已经做不赢别人，是不是应该直接从YouTube做起；又或者，你觉得博客已经没人看，发现Podcast是“新型的博客”，那是不是应该尽早设立自己的Podcast频道。

不管你是想站在台前，利用个人品牌赚钱，还是想在幕后工作，都必须知道厂商的预算现在往哪里流。例如，你的一人公司是视频制作公司，你就应该清楚目前市场需求很大，你可以趁势争取更多客户（积极发表作品引客），或者提高每集制作费（对老客户涨价）等。一人公司虽不等同于“用个人品牌赚钱”或“创作者事业”，但市场概念却是每位一人公司经营者都必须具备的。

9 个人品牌之虚实整合

硅谷一位知名投资人说过："Building your brand online, then increasing your price offline."。翻成中文的意思是："线上建立品牌，线下提高收费。"无论是网络还是实体，抑或是线上还是线下，对于个人品牌来说它们永远是一体的，不管你从哪一端起步，到最后都必须二合一，才能凭借这个"一"将品牌价值最大化，残缺的、伪装的、稍纵即逝的个人品牌，无法经营成一番长久事业。

这里要谈谈如何二合一，让你的个人品牌变立体，实现虚实整合。大部分人都曾在传统职场工作过，而且发展个人品牌这件事基本不在我们读书时或毕业后的职业生涯发展规划内，我们按部就班，按照社会传统规范，进入某个行业的某间公司，当个朝九晚六的上班族。所以若你问个人品牌的职业发展，大家会反问那是什么，因为那时斜杠创业者、自媒体创业者、网红、YouTuber等职业都还没有出现。但随着网络及科技产品（如智能手机）的进步、消费者注意力的转移（从电视到网络）、自媒体（Meta、YouTube等）的进入门槛降低，新的市场渐渐成形，与之适应的经济模式应运而生。一些思想比较前卫、资讯比较丰富的上班族“蠢蠢欲动”，嗅到其他的可能性。因为他们发现资讯越多越纷乱，“被看见”（发展个人品牌）的重要性就越高，发展个人品牌这件事不该局限于他们所效力的公司，而应扩大至自身，至少让自己在业界的名声变显著，以确保自己在公司或业界的竞争力越强。

于是这些人思考在自己的工作岗位上，有没有发展个人品牌的空间。例如，科学家或医生可以写研究报告、行业指南，做市调，再以自己的名字来发表，变成新闻报道。现在这件事变得更容易，我们可以产出优质的报告或行业指南，然后免费给大家下载。还可以代表公司到处演讲，打响公司及自己的名气。一旦你表现优秀，你的名字很快就会传开，慢慢地，当你在业界闯出名堂之后，机会就随之降临，会有业界人士来挖角，会收到更多的演讲邀请，还会有写专栏、出书、开课等机遇。

我现在讲的都只是线下活动，你还没有离开工作岗位，就有许多的机会如雨滴般落在身上，你开始感受到“人生不只这样”“人生也许可以那样”……机会就是钱，你原本可能没什么额外的收入，甚至完全没有商业思维，不知道你的专业能力能怎么赚钱，但别担心，一旦出名之后，厂商会主动来教你赚钱的方法。

如果你现在还是上班族，除了可以用上述的传统方法，还可以尝试较新的做法，例如做Meta直播或制作一个Podcast节目，讲述你所在行业的专业知识或秘密。但太危险的八卦或商业机密不要讲，免得被网友截图或录音存证。不好笑的笑话也别开，例如嘲讽、恐吓他人等，以免被抓走拘留。在荧幕面前演出，事前最好润一下稿，以免讲得太“嗨”、天马行空。懂产业且口才好，可以清楚表达观念、与大众沟通，就是一项难得的技能，对于潜在雇主来说，你就很有吸引力了。当你被业界人士尊重，甚至竞争者也会听，也会来follow（追随）你，你就成了“业界之音”，之后记者也会来采访你，请你针对所在行业的新闻做一番评论。假设你长相又讨喜，有观众缘，口才好，就会成为“业界之星”，这时就算你不离职创业，在行业中也会有更进阶的发展。也就是说，发展个人品牌对你而言，百利无一害。

另外，很多人根本没上过班，直接就在网络上凭借某方面专业能力建立起个人品牌。他若实际去某行业面试，录用率肯定会比一般人高，要是他真的够红，企业甚至会想找他来当代言人（或“吉祥物”）。但事实上，就我认识的人来说，他们很少会去公司上班，还是会选择创业。所以创立个人品牌是一石二鸟之计，可继续上班，亦可自行创业。

当你是SOHO族时，假设是一名健身教练，线上和线下课程必须同步做。你原本有10个学生，每个学生每月收费2000元，月收入20000元，你想办法增加收费，让学费慢慢往上涨——但你凭什么能让学生接受学费上涨？就是凭你的网络品牌声量。当你每个学生收4000元时，可能会少5个学生，但可以维持一样的收入。虽然收入没变，但你的身价变高了，从你涨价的时间点算起，后面来的学生就依你现在的身价付费，收入就比之前多。关键是，你必须随着时间涨价，先确保能维持一样的收入（收入没变，但身价涨），然后再营销自己，让更多人以更贵的价格得到你的内容（产品或服务）。

持续涨价等于持续涨身价，这是每位创作者或个人品牌经营者都应知晓的非常重要的一个原则，一定要遵守！想要成功在现实世界涨价，进化一个等级，凭的就是你在网络世界的声量。任何行业或身份都一样。

接下来，有了品牌，就可以贩卖自己的商品。实体商品如首饰、衣服、食品等，数字商品如电子书、线上课程、技术服务等，如何将它们做大呢？此时又回到现实世界中，你可能需要多跑几场演讲，在某行业或领域当顾问，或是拍广告，出席活动，当个品牌大使等，从现实世界发现新的族群，再把他们带到你的网络世界，用网络工具维系感情。E-mail、LINE、Meta、个人网站甚至手机短信都是好用的工具，比你一个一个地见面喝酒谈感情来得有效率（但可以同时进行）。

所有你在现实世界付出的努力，理论上、理想上都应该转化成你的数字资源。例如，你去发表一场演讲，然后跟大家宣布只要到你的网站，就可以免费下载今天的简报，或者只需给你E-mail地址，你就把简报发过去。这就是“offline努力”转为“online资产”的一个范例，甚至如果你想显得更贴心的话，你可以让他们直接问问题，然后用E-mail回复他们。多来回几次，一个原本不认识你的线下听众，就变成了你的一个线上铁粉，这样的无缝接轨才叫有效的虚实整合。

线上和线下努力打造个人品牌看似是两条不同的路线，实为同一件事，就是活出更好的自己，不管你从哪里出发，终点都一样。

10 商业博主之“十大鉴选条件”

一名正常发展的博主，走上商业化道路是自然而然的事，就像一块木板在大海里被海浪推着走，你要不就别下水，要不就想办法驾驭海浪，训练自己成为一名冲浪手。我说过很多次，那些有影响力却不想赚钱的博主只是还没意识到此事实，或是时间还没到或是机会还没成熟。商业化、能赚钱不但不是坏事，还是天大的好事，它们就像燃料，烧得你继续往前走，越烧越旺，是你终于闯出名堂的证明。有些博主不愿意写广告文，却愿意出书，但我认为回归商业本质，这两者基本上是一样的。

因为我当过博主中介，当厂商要求我找博主合作时，我会根据一些条件来选择博主。虽然这些条件并不代表其他公关公司、代理商、个人中介等的选人要求，但你可能知道，多数厂商在选人的时候，最重视的是流量，为什么？因为流量是最显著的指标，让人一眼就知道你的程度在哪，对于外行人、没时间的人、不懂装懂的人来说，看流量是最安全的，至少不会出错，如果一个博主流量大，多少都会产生较好的广告效果吧？然而，我认为这也是一半对一半错的。

所以，以下我将用自己总结的“十大鉴选条件”，对何谓好的个人品牌做总结。

（1）愿意成名的心态

“低调”和“品牌”两者是互斥的，你不能一直处在想红又不想红的矛盾心理状态，这样永远不会出头。好（或坏）消息是，就算你很努力地想红，也不一定会红，但至少要有“准备好了”的心态，不然会让中间商和厂商很疑惑，也会对你的专业能力有所怀疑。简单来说，若你没有成名的意愿，等于自断品牌发展之路，很快会被其他想红的伙伴们超越、淹没。请再重新想想，博主这个身份是否适合你。

（2）亲近度

许多人在生活与社交中，常将人情关系置于首要位置。如果合作对象条件差不多或者厂商完全信任我，我当然会更乐意把案子交给认识的人啊！这些人可能是我的读者、我的学生、曾经合作过的或认识很久的博主老朋友，总之先照顾好自己身边的人比较重要。这点告诉我们，现实人脉远比想象中重要。能够辨识出哪些是博主圈的key man（关键人物），然后亲近他们，也是一门学问。不要觉得这好像很谄媚、逢迎、巴结，不是的，如果你本身也是有才能、有趣的人，对方可能也会想认识你，差别只是谁先主动而已。花若盛开，蝴蝶自来；人若有才，天自安排。所以重点还是你自己。

（3）其他曝光渠道

除了自己的主要博客，你还有哪些可以曝光的渠道？例如，其他网站的专栏供稿、Meta的好友加粉丝团加社团、Instagram、LINE、电子报、Podcast或广播节目、YouTube频道和其他线上或线下社群，甚至平面媒体、现实人脉等。厂商很喜欢可以一文多处曝光的博主，这会让厂商感觉物超所值，付费一次就“遍地开花”。其实对于博主来说，开设这些曝光渠道都是快速且免费的，问题在于如何把它们经营得有声有色、有广告效果，这是非常不容易的，所以就需要你判断哪些渠道的价值更高。总体而言，你的渠道越多越广，你的广告效果（至少看起来）就越好。

（4）流量数据

基本流量数据还是必须达到的，我的标准是“每日PV（页面浏览量）1000人次以上”或“Meta粉丝数1万以上”。

（5）配合度

配合度是指博主的接案态度、应对方式、供稿时间、修改意愿及速度等的综合性统称。我们常听说某些博主红了以后就开始“耍大牌”，接个案子规矩一堆，沟通也不像之前那么有礼貌等——确实有少数人这样。所以除非厂商指定这些博主，否则我就不会主动选。有时候，配合度下降也不是博主的错，可能因为他们档期很满，手上案子变多了，或者对广告文把关变严格了，或者近期内不能服务同质性商品等，这些都情有可原。

配合度高的博主是什么样的？态度认真，写稿又快又好，或者至少能如期交稿，主动提供想法，愿意配合厂商修改等，和他们共事时会有合作愉快的感觉——这类博主通常会奠定未来合作基础，从而进入我的优先合作名单。

（6）模特是否漂亮、有人味

很多厂商都希望有人在广告文亮相，这与撰文博主愿不愿意露脸、上不上相有关。根据调查，将一张美女的脸放在一块蛋糕旁，那块蛋糕会感觉比较好吃，所以虽然很俗气，但事实摆在眼前，漂亮的模特是会帮产品加分的。商品是冷冰冰的，若能增添几分人味，会让商品整体呈现更有温度、人性化。但如果你觉得自己长得不上相怎么办？你可以不露整张脸或戴面具，也可以让可爱小孩、宠物（若商品合适）出镜，还可以邀请愿意露脸的高颜值朋友帮忙等。但最简单的还是想办法改善镜头形象，其实不一定要长得很帅或很美才上相，如果口条清晰幽默、举止大方讨喜、气质与众不同，也是会有观众缘的。

（7）是否专业、和商品契合

如果厂商是卖奶瓶的，即使某个博主流量再高，没有小孩也是无法接案的，所以专业契合度是博主接案的一大关键因素，特别是对那些平时流量不高的博主而言。当每个人都是美食博主，只有你是素食博主时，那厂商的选择不多，你就有可能胜出。当很多人都可以介绍普通的菜刀，只有你这位“打铁师傅”可以介绍焊枪时，厂商不要你要谁？通俗为广，专业为深，以稀有度来说，通俗事物可以获得较高流量，但也因为门槛低，竞争也激烈，反倒是专业人士在此取得优势，而且因为他们不常接案（案源少），加上专业契合度高，往往可以产生更棒的广告效果。

（8）搜索引擎优化（SEO）

厂商付了钱就要看见效果，先不论有没有带来业绩，至少要看到这篇文章能被搜索到，所以博主的网站SEO能力显得十分重要。多数情况下，SEO能力依赖网站本身，如果文章放痞客邦，这点完全没问题，因为痞客邦全站的SEO能力都很好，但如果是自己架站，则需要一段时间的累积，才能渐渐地提高SEO能力。一个全新网站，其SEO能力培育要从零开始，通过不断更新内容、获取其他外部链接的支持、优化网站程序及架构等，差不多一年时间，才会渐渐具备SEO能力。虽然我喜欢给新人机会，但新网站的SEO表现通常欠佳，所以我只能放弃和他们合作。毕竟厂商付了钱，要是搜不到相关文章，那大家都受影响。

（9）作品丰富、好看

厂商找博主创作广告作品的目的，无非是期望将商品以好看的方式呈现出来。所有的内容营销本质就是要包装得好看，如果博主有本事能把广告作品写得（或画得、拍得）好看，基本上就已经完成了创作者的任务。一篇作品好到极致的时候，其他什么数据条件都可以忽略不计了……

因为好看，所以很可能被大量分享。

因为好看，所以颇具说服力，很可能引起消费者的购买欲望。

因为好看，给他人留下的品牌印象极为深刻。

因为好看，厂商自己可以拿去利用，例如招商或营销。

因为好看，中间商会很有面子，博主也因此奠定身价。

呈现出好看的作品是所有创作者的共同目标，当然也包括专业的商业博主。

（10）读者含金量

博客比到最后，比的是读者含金量。厂商愿意花钱投广告，是因为想要卖出更多商品，当我们顺着这个目标去想，哪位博主的读者看完广告文后会真的去买商品就变得很重要。读者会不会买商品有几个因素：首先，商品好不好，是否有竞争力？其次，广告文的表现好不好？最后，读者是否买得起？似乎最后一个因素的影响是最大的。我们如何提升自己读者的含金量？这里提供以下五个方法：

①多写差异化的商品或独特的经验（最好是亲身经

历的）。

②开始向你的读者卖东西，培养他们会跟你买东西的信任感和习惯。

③参加现实中的聚会或社群，认识一些大咖后，请他们来关注你。

④继续扩大你的读者基本盘，假设只有2%读者是有钱人，那基本盘越大，有钱人就越多。

⑤自己要成为社会上的领袖级人物或企业家。当你成为大师，自然就会有追随者。

畅玩一人公司

PART

4

优化一人公司的产出内容

1 “创作三箭”让你百发百中

有没有什么最高原则，可以让创作者在每次创作时谨记在心，便能提高作品的“命中率”，让每一篇作品都有高品质、强吸引力，且有机会被广泛、迅速地传播，令创作者和读者都满意？

当然有很多，主要有以下三项原则：

- Useful（有用的）
- Interesting（有趣的）
- Different（与众不同的）

而长视频节目“罗辑思维”认为这三项原则是：

- 有用
- 有趣

- 有差异

其实将两者放在一起比较，你会发现这些原则内容都差不多：

- Useful就是有用、实用、专业
- Interesting就是有趣、好玩、令人眼前一亮以及产生好奇心
- Different就是差异化、独特或崭新的观点，因为你要与众不同，所以要有点勇气

于是我归纳出自己的“创作三箭”：

- 娱乐性
- 教育性
- 启发性

不管你从事什么样的创作，如果可以严格遵守这三项最高原则，就有可能“百发百中”。

（1）娱乐性（entertaining）

现代人生活压力大，有趣好笑的内容人人爱，内容浅显通俗没关系，这样看得懂的人才多。“看懂的人越多，看的人越多”，多数的YouTuber便属于这类，因为他们只是把电视里的综艺节目换个平台放，然后吸收了年轻世代的观众，这看似很厉害，但其实只是世代接棒，观众从看电视转成看网络节目。

如果一个素人可以不计形象，在屏幕前放得开，再利用一些道具、变换场景、设计人物变化，就可以让视频变得有趣。基本上你本人不需要真的幽默，不信的话，你只要从网络上找十几个笑话，然后用手机对着自己拍，把这些笑话说出来——你猜怎么着，就会有人看了，说不定还有人因此订阅你的YouTube频道。也就是说，在娱乐性这一环，你可以用整理的方式，让大家觉得看你的视频很有趣。如果你还愿意花时间去学习视频剪辑或找其他人一起拍搞笑视频，你就会是一个不错的YouTuber了。我说真的，目前市面上真正好笑的YouTuber屈指可数，YouTube的发展空间还很大啊！

内容的呈现形式有很多，视频是最容易展现娱乐性的一种形式了，一是方便添加戏剧效果，二是若露脸的人物真的好笑，走红的速度会非常快。因为好看的内容从根本上来说，就是有趣、老少咸宜的。其他内容形式，比如漫画也很有娱乐性，越接近图像的，越容易在此项上取得优势。文字可不可以有娱乐性，当然可以，但就会难一点，所以若你的文笔够幽默，就算没什么实用性，还是会有人喜欢。幽默的文字是高段位的艺术，这类创作者往往除了有趣，多少也有点教育性。

（2）教育性（educating）

多数的网络好文都具有教育性，网友上网最大的需求就是搜答案，因此只要你分享某方面的专业知识，不管用什么形式来创作，多多少少都会有知识性、教育性。

当我们说“教育性”，最直接联想的内容形态就是课程，这种形式的内容门槛不低，不是一篇文章、一篇漫画或一个视频就能搞定的，创作者必须有一个独特的理论，然后以其为核心向外发展。一堂课程最少都要有2小时，所以你必须准备2小时以上的丰富内容，这对没经验的人来说是有挑战的，但好消息是简报张数、授课时数、教学经验都可以累积，会慢慢变多。而且由于讲师本人是课程的灵魂，他同时可以具有教育性和娱乐性，也就是“双箭合一”。更棒的是一堂好课程会为学生带来启发，这是最难但最重要的第三项原则。

（3）启发性（inspiring）

何谓启发性呢？简单来说就是当人们看了你的创作作品后，他们会激荡出新的想法，除了吸收你给的东西以外，还会因为某些点而获得灵感，然后新的想法、梦想（或幻想）会驱使他们行动，去挑战更多、更大的目标。

身为一个创作者，不管以何种形式呈现作品，我认为作品的启发性最重要。因为再好笑、再实用，都不如你给他想象力。正好《小王子》的经典语句："你只要让他们渴望大海，他们自动就会去找材料造船了。"当一个人受到启发，就像是突然被点醒了，把之前的"点"用"线"连起来，然后自己的思绪会发展成"面"。可想而知，这类能让人醍醐灌顶、"打通任督二脉"的创作并不容易，仅以一篇文章或漫画很难做到。

请回想自己过去在什么情况下会深受启发，我想答案应该是与人对话吧，所以声音、影像、课程这类形式的创作最容易给人启发，所谓真正的大师就是给人这种感觉。于是我自己的创作，也是以具备启发性为最高指标。

如何带给人启发？最基本的就是要比别人走得快，处在某领域的第一线，获得相关知识后，再融合自身经验去内化成自己的理论。再来，创作者本身必须是个足够创新的人，思想创新，行为创新，不拘泥于过去的旧思维模式，先启发自己，才能启发别人。

文字、漫画、图片、视频、声音、简报、课程、桌游等，每种不同的内容形态都可以包含“创作三箭”，纵使有些比较困难，例如，简报如何趣味化？文字如何有启发性？桌游如何有教育性？——但都不是不可能的。任何的创作，只要有其中“一箭”就有可能红，有“两箭”的话大概率会爆红，有“三箭”的话迟早会爆红。但娱乐性、教育性、启发性是环环相扣的，意思是说，不是娱乐性比较低级，启发性比较高级，而是三者最好能够共存，唯有三者并进，效果才会最好，才会创作出大师级的作品。

知道了“创作三箭”后，把它们带在身上，伺机待发，并且分享给你的同事、下属、小编们，让他们也带在身上，未来每次创作时都要谨记在心。我们可以把它们应用到各方面，除了主动从零开始创作之外，所有的被动内容呈现也要符合这三项原则，什么意思呢？例如：

你的官网呈现是否有趣、是否能解答网友的疑惑、是否

有跟竞争者不同的地方吗？

你的Landing Page是否足够吸引人、是否有部分的教学以及是否触动人心？

你的“关于我”介绍是否幽默逗趣又忠实展现专业能力、展现自我风格？

虽然这些网页是被动地等人来看，但是也别忽略这“三箭”的存在，而且，要在“黄金七秒”内就让观众感受到。这很不容易对吧？所以要持续进行内容优化：

①娱乐性。

就是幽默感。如果你没有，可以靠收集。笑话不一定要原创才好笑，搞笑金句也可以反复使用。

②教育性。

将你的专业知识用通俗易懂的方式表达出来，让大家都听得懂。平日收集你的目标受众的常问问题，再把你认为完美的答案写出来，直接问他们才是又快又直接的方法。

③启发性。

这虽然比较难，但不用担心，因为十分的人可以启发五分以下的人，所以，就算你才五分，依然可以启发一两分的人。“启发”其实需要一种思想上的距离，启发者和接受者的分数太近或太远都不行，唯有刚刚好才会产生启发性。所以事实上，不管你几分，应该都会有可以够到的目标。

祝各位箭无虚发，百发百中！

有趣又有料的思考启发者

提姆·厄本（Tim Urban）

有场TED演讲的主题是关于人类的拖延症。说是教育，但这场演讲也非常好笑，并深具启发性。还记得我前面说的“创作三箭”——娱乐性、教育性和启发性吗？这个演讲者提姆·厄本就是“三箭”齐备的创作者。他的博客“Wait But Why”每月有千万浏览量，他把博客如此快速的成长归功于社交网站的崛起和网络营销。他说，如果你持续产出好文，社群网站一定会推波助澜，帮你接触到至少一小群人，而博主的E-mail名单比社群追踪者更加重要，你一定要让网友轻易地订阅，并鼓励他们把你的好文分享出去。

他在创办“Wait But Why”之前，自己一人写博客写了6年，后期他开始尝试简单的“火柴人”（stickman）手绘风，获得了不错的反响。他将这种风格保留了下来，觉得这种风格很适合他的写作，而且图像记忆比文字记忆持久，用再多文字讲拖延症也比不上他画一只猴子让人印象深刻。加上他本身喜欢带视觉图像的文章和有童趣的东西，所以他一起把这些元素带进了他的创作里。

提姆·厄本给大家提过三点人生建议：

①请认真思考是自行创业还是为别人工作，哪样你会比较快乐？这问题没有想象中容易，而且不管你支持哪一方，都有可能非常对或非常错，所以最好的方法是两者都亲自经历后再做决定。

②尝试忽略传统的观念，它会让你产生不必要的恐惧，还已严重落伍。解决方案是阅读你偶像所写的书，了解他们如何规划职业生涯发展。

③你或许会觉得没有工作但能维持生活平衡也可以很快乐，这是一个陷阱。其实你也不需要平衡，你可以每周工作40小时，并且成为一个快乐高产的创作者。

有人问他如何写出这么好的长文，他说：“任何人，只要有足够的好奇心、充分的阅读量和强大的质疑精神，都可以在最困难的领域上变得厉害。”

2 什么是内容营销?

如何让自己的内容比别人的好看九倍以上?

在网络营销的世界里，内容营销恐怕是范围最大的一种营销方式，定义广泛，众说纷纭。只要你的创作有被人看到，基本上你也可以说上几句。这就跟只要交过男女朋友，就可以聊上几句两性话题一样；或是养育过小孩，就能畅谈育儿经一样。所以，内容营销到底是什么？它的界限在哪？实在没有人敢准确地下定论——但我大胆地说，我认为内容营销就是“先播种、后收割”的策略布局。一开始可能没什么效果，但播下的种子会随时间发芽、成长，从生直至覆盖整片森林。

简单地说，一个营销漏斗只有三部分：“被看见”“感兴趣”和“购买”，每种营销方法都或多或少能帮助到这三部分。内容营销特别棒的地方是，好的内容会让人信服进而掏钱购买，甚至不觉得“被广告”了，一旦形成广泛传播趋势，他们会觉得“这不分享还是人吗？”

在资讯爆炸的时代，大概有2亿种东西要看，鉴于我们每人都只有两只眼睛且一天只有24小时，这些东西显然永远也看不完。所以第一个问题是：我们应该看什么？我的回答是“只看最好的”。假设台湾居民平均一年会买票进电影院5次，现在请你回想过去进电影院看了哪5部电影？是不是一些大制作、大明星的强档大片？是不是那些以世俗眼光来说“最好的电影”？全球每年大概上映1万部电影，但我们可能只看其中5部，这万分之五的概率还只计算电影，如果将范围扩大到出版物、音乐、传媒作品或网络创作内容，就知道“被看见”的难度有多高。

思考我们为什么会挑这5部电影来看？原因不外乎是以下几种：

①电视广告投放很多（企业广告预算的投入）。

②朋友说好看（口碑介绍）。

③因为它是续集（前作累积的力量）。

④很对我们的胃口（使用者分析）。

⑤对明星的崇拜（意见领袖／代言人的魅力）。

⑥被朋友带去（误闯的概念）。

当关注度变成稀有资产，若我们想“被看见”，可以参考上述做法。有钱打广告固然很好，但没钱有没钱的做法。另外一个观念是，“什么是最好的”从来都没有标准答案，你的东西只要在目标对象的可视范围内成为最好的就够了。

不过即使在目标对象的可视范围内，还是有太多的内容一起竞争，你要如何脱颖而出？你要如何比别人更好？而且我们都知道，人的习惯不容易改变，即使是阅读也一样，你不能只比别人好一点点，那不足以让人产生耳目一新的感觉。在《钩瘾效应》一书中，作者提到我们创作的内容必须比别人的好九倍以上才会被看到，但作者并未解释该如何好九倍以上。我自行解题，如果我们把内容细分为九个方面，而每一个方面我们都比别人好一倍以上，九个方面加起来就好九倍以上了，也就是全面性、压倒性地比别人好，自然就能把关注度吸引过来，做后续的营销动作。

想看看，哪九个方面？很简单，内容营销首先就是要被看到，因此所有可被看到的东西都可以优化，例如你的文案、图片、视频、企业故事、产品优势、使用者见证、教学活动、作品集、企业文化、员工活动、知识分享（不止9个了）等。把自己的公司放中间，以九宫格方式开始发散思维，你的产品可以产生什么相关内容，这些内容又会给潜在客户带来什么价值。换句话说，你先播下种子（撒下网），用大量、多方向的内容来吸引目标对象，把漏斗的进水口尽可能拓宽，让更多水涌入。越多人看见你，你的内容制作成本就会被摊得越低，然后希望目标对象一路走到底，直接变成付费客户。

接着想象一个魔方，九宫格只是其中一面，也就是说我们可继续延伸，再细分下去，把文案、图片、视频放在九宫格的中间，以它们为中心进行延伸思考，不断地发散扩展。内容营销不是单一事件，而是持续性的策略，然后这个魔方的每一面开始转动，你的内容开始交织，形成不同面貌，产生源源不绝的营销素材以供使用。种子长成大树需要时间，但只要你种得够多，纵使有几棵长坏了，还是会有很多能够开花结果，让你的内容之林显得茂盛。而且写过的东西不会消失，它永远会是你的数字资产，只要持续累积，观众会越来越多，最后业绩就能越滚越大。

3 创作者的一击必杀技

《故事如何改变你的大脑？》一书中提到这样一个故事：请想象史前时代的人类只有两个部落，他们竞争相同且有限的资源。一个部落叫作“务实人”，另一个部落叫作“故事人”，两个部落从事的工作都一样，包括狩猎、采集、寻找伴侣、努力保护家园。故事人聊八卦、讲故事、编造各种疯狂的奇闻逸事，而务实人埋头工作，他们的狩猎时间、采集时间更多，直到他们筋疲力尽。务实人不会把时间浪费在说故事上。然而，我们都知道这个故事的结局，虽然感觉不合理，但事实就是如此——最终是故事人获得胜利。这让我想到现在的电商生态，多数从业者都很务实，不想浪费时间在讲故事上，他们增加更多品项、拓展更多渠道、投放更多广告，就是不想花时间去编造各种疯狂的惊人内容，让网友听故事。如果要我简化内容营销对于品牌的重要性，我的答案只有两个字——生存。内容营销是品牌生存的关键，从相对短的时间轴来看，做内容是不务实的（这也是谬误），但当你把时间轴拉长，内容营销是唯一可确保你延续品牌生命的方法。

内容营销中最有威力的因素之一正是故事，如果想要让品牌生存下去，可以先创作一个故事，强化品牌的生命力。这是个故事当道的年代，什么都要跟故事沾上边，品牌要故事、营销要故事、写作要故事、演讲要故事。但你去复述别人的故事绝不会精彩，分享自己的故事才会动人。但，朝九晚五的日子，哪会有多少精彩的故事？精彩的故事只会发生在勇敢探索未知、峰回路转地克服挑战与起承转合的剧情变化之中。

简言之，故事不是讲出来的，是活出来的，但活出精彩的人生故事需要极大的勇气，不是每个人都敢于面对未知的，然而唯有在未知和恐惧的时刻，才会诞生最动人的故事。请你回想你人生中最惊险的一件事，当你将它叙述给朋友听的时候，他们是不是都听得很入迷？第一个原因是你讲的时候饱含的情绪，让这个故事生动起来了；第二个原因是这不是件平凡的事，所以听众会觉得新奇且有趣。

当市面上每本书都在讲述乔布斯的故事时，我光看到封面就能猜到书里的内容，一点新鲜感也没有。若突然有本书讲一个大家从没听过的英雄的故事，这个故事就是个好故事。故事最怕的就是陈词滥调、一再重复，每个人都熟悉到会背了。此时，任何观众从没听过的故事，加上叙述人情绪的渲染，都能引起观众的注意。

“新奇”“惊险”“前所未闻”只是构成好故事的众多元素中的几项。当你看到一个故事，你很喜欢，你应该找出你喜欢的原因，将原因拆解成元素记录下来。可能是无名小卒一路成长，最后赢得了冠军（周星驰的很多电影都这样）；可能是从高处摔下后再逆转（《食神》）；可能是不同背景的人组队打大魔王（《少林足球》《复仇者联盟》）。当你感到感动、喜爱、惊奇的那一刻，把时间暂停，退后一步来看这个故事，用你最理性的大脑，去分析为什么这一刻让你觉得感动、喜爱、惊奇！

因此，你要做很多关于感动时刻的笔记，每一次记笔记都会慢慢改变你的大脑，你会渐渐把自己训练成故事大师，接着你就可以创造你自己的人生故事，套用这些元素到你不同故事的讲法上，在叙事上持续优化。也就是说：**拆解＋分析＝进步。**

有人做过一个实验。他们分析YouTube上观看人数最高的视频，并把这些视频拆解成不同的部分，例如故事、画质、收音、剪辑、背景、灯光、主角外貌等，把每个因素展开来比较，发现很多人对一些现象存在误解。例如，其实视频收音的重要性比画质的重要性高两倍。还有另一个因素特别重要，那就是“故事”。也就是，好的故事完胜其他所有因素！讲夸张点，只要你的故事够好听，甚至可以无视画质、收音、灯光、背景、剪辑，这样都会有观众。不信的话，可以尝试做个实验，制作一个YouTube视频，标题是“我亲身经历的鬼故事”，画面可以暗暗的，用一支点燃的蜡烛当背景就好，移除所有元素，什么都没有，只有“故事”本身，看会不会有人来观看这个视频？

好的故事抵过其他所有因素，所以你不如把时间花在记录点子，练习如何讲故事、如何写出好的脚本上，这才是创作者最划算的投资。别人可能花比你多的钱投资设备，用了四个最贵的打光灯，在专业的摄影棚录影，结果观看人数还不到你的十分之一。当他们去看你的视频，发现整个画面只有一支蜡烛，他们绝对会一头雾水，搞不清楚你是怎么办到的……

4 你有自己的内容精选辑吗？

工作的时候我很爱听Spotify，这家公司跟许多唱片公司谈下授权，平台上有很多歌手的专辑。我还是觉得老歌好听，于是把记忆中20世纪八九十年代的歌手全“扫”了一遍，例如杜德伟、许茹芸、巫启贤等，把他们的经典歌曲重听了一遍，最后有了这篇文章。

我常说大众是从一个创作者的代表作开始认识他的，一个歌手（或任何形式的创作者）一定要有代表作，代表作不必多，但一定要精彩，就像歌手黄大炜唱红一首歌《你把我灌醉》，就让大家认识他了。你也可以反过来想，若是你闯荡互联网已久，但久久不为人知，是否因为缺乏职业生涯代表作——那关键的一击，那广为流传、长青、具有感染力的作品。

不管是博主、YouTuber，还是各领域的内容创作者，日常工作就是创作新内容，因为他们认为只有新内容才会带来流量，才能留住读者，或才能表示自己站在时代潮流上，所以在时间的分配上，多数选择去做新的内容。但我想提醒大家一件事，“新”不一定等于“好”，“好”才等于“好”。这不是在玩文字游戏，我的意思是，呈现好的内容比呈现新的内容更重要，特别是对于不认识你的网友来说。想想当初你是怎么红起来的，哪几篇文章被广泛传播、提高你的名气、为你带来新的读者？这些文章有摆在你网站最显眼的位置，让它继续为你带来名气，发挥最大效益吗？因为既然它有用，为何不多用，而是把它封存在某处呢？

把这些好的文章集结起来，就是你的“内容精选辑”，请大力地去推广它们。如果陌生网友因为你的这些代表作而喜欢你，他们自然会去关注你，看你最新的文章。这个意思就是用你最好的作品去吸引别人，而不是最新的。

创作者常会陷入一种迷思，即“写过的就写过了”，意思是从此不再碰触那个主题，而把心思用于创作别的主题上。这不仅是错误的做法，也是非常可惜的创作路线。我生涯的第一篇网络创作（写出来发布于公开网络上的文章）是《一字人生》，发布时间是2000年7月22日，当时我24岁，刚出社会，对人生只有很稚嫩的体会。13年后，我回顾自己的文章，并写下了它的续篇《舍之初体验》——虽然它不一定称得上什么代表作，但我想表达的是，身为一个创作者，千万不要有“写完就扔”的想法，应该回头看看自己之前写过的东西，看是要修改、延伸、优化、讲讲幕后花絮，还是要收编进你的“内容精选辑”。除此之外，我还有很多案例，我自己会不时地回顾，然后若有所感，就会写下相关的文章。

创作新内容让人备感压力，因为要求快求新，可能就会牺牲品质；但回顾、修改、优化旧内容则没有时间压力，可以慢慢来。一篇好的文章应该能永葆生命力，8年前写的内容放到现在来看，依然够好。我们身为创作者，要尽量把“好”的优先顺序排在“新”的前面，纵使你面临着产出新内容的压力。

以博客来说，将你的文章精选辑另开一区，可以称之为“站长精选”“建议阅读”“人气最高”等，如果你想让陌生网友快速认识你，也可以开一区放置“关于我特辑”“认识站长必读的五篇文章”等内容，名称可以自己再想，重点是让大家快速认识你，而且接触点应该是你写过的最佳的几篇文章，或是你想呈现给大家的几个重要观点。Google Analytics可轻易查出你网站上人气最高的是哪几篇文章，把它们整理出来，让它们继续发挥效益。

以视频来说，一样可以将“最热门视频”作为访客初次访问的接触点。在YouTube频道上，可鼓励初访者从“最热门视频”开始看起。还可以嵌入播放量前几名的视频到你的网站上，要看更多则再跳转回你的YouTube频道。

创作新内容虽然重要，但请不要离旧内容越来越远，特别是那些给你带来光荣的好内容或足以代表你人品和能力的好内容，请找机会让它们重见光明，你会发现它们依然有活力，甚至比新内容还有人气。

5 一举数得的文章类型——专家访谈文

创作内容是发展个人品牌最重要的一件事，也是最耗时的一件事。既然耗时，那以数学和理性的角度来说，我们就必须知道写什么比较好。假设你的专业是视觉设计，在有限的时间内，你应该选择写……

“A. 视觉设计者常用的10个免费资源网站”

“B. 市长选举竞选人的海报/活动视觉设计”

如果只能写一篇，写哪一个主题比较好？A还是B？

答案是A，因为它与时事无关，属于非时效性文章，不管是明天还是10年后，这样的文章都会有人搜有人看。所以这是基于搜索逻辑的内容策略，将这些内容放在网站上，它们会“生利息”，让网站的SEO变好。

反观B，也许短时间内可以帮你冲高流量，但它是有时效性的，选举一过，这篇文章的关注度会下降，搜索不易，因此流量也会下降。时事文属于新兴尝试的文章类型，无法保证能让你的内容增值，累积SEO效果。

其实有另外一种类型的文章，它甚至比A更好，而且可以涉及一点点B，优点不仅仅是增加流量，还有对发展个人品牌有益，那就是专家访谈文。什么是专家访谈文？就是你当一个提问者，然后到处去采访各领域的专家，让他们回答问题，你再将访谈素材整理成自己的文章。举例来说，我曾经在2013—2014年间做过一个“部落畅快谈”的企划，每周五我会更新一篇与知名博主的对谈。我总共访问了20位博主，访谈的时候首先会问几个主要问题，例如，做了哪些具体的事让流量/名气暴涨，博客收入有多少等，再依每位博主的背景和行业提不同的问题。我花了半年多的时间完成这个企划，挖出了很多好东西，对博客和个人品牌发展很有帮助。

通过这20次访谈，我发现专家访谈文还有很多优点，让我们一一来看：

（1）品牌增值

这是最显而易见的优点。当主持人是成名最快的途径之一，因为观众可能不认识你，但可能认识受访者。以我采访过的20位博主来看，很多人都比我名气大，所以我去采访他，是沾他的光，他讲的东西变成我的内容，然后这些内容让我得利。像不像得了便宜还卖乖？所以若可以采访比你红的人，一定要好好写、好好把握这种机会。在我完成“部落畅快谈”的企划之后，有位博主也想来采访我，而且我是他节目的第一集来宾，但我没接受。第一，他没有名气。第二，我跟他不熟。第三，我自己刚做完一样的东西。所以如果你也有此计划，就要好好规划，不是你想做就能做，也不是想邀请谁就能邀请到谁。基本上，你越有名，做这件事就越容易。

（2）增加流量

写出优质、对人有帮助的文章，自然就会产生流量。再来，因为是与名人对谈，你可以请求他们也分享该文章，虽然他们不一定会答应，答应最好，不答应也没关系，因为他们的粉丝看到后也会分享出去。另外，因为你问的问题都围绕同一领域，甚至使用同样句型，你会用到许多相关的内容及关键字，SEO的排名会显著上升，而且因为使用问句（例如博客可赚多少钱？），搜索流量也会变多（符合相同字元）。一篇好的专访，加上双方都有名人效应，很容易爆量形成“病毒文”。

（3）自我充实

成功人士都有一些独到的道理和方法，他们不说——很可能是因为没人问。当你问出好问题，多数人还是愿意分享的，我相信人性本善和分享会产生成就感。当你和他们面对面交谈，你一定是学到最多的那一个。我在做“部落畅快谈”的期间真的学到不少，甚至有些不方便公开写出来，所以那些“好”就只有我一人知道。就算最后文章没有什么流量，你自己也学到了不少，简直百利无一害——唯一的缺点就是很花时间，但写好文章本来就很花时间。

各行各业都有专家，不管你是哪个领域的博主，都可以做这个企划，写出一系列的专家访谈文。我规划了五个切实可行的步骤，具体如下：

①确定专业领域。

如果你的博客有很多主题，可以先锁定一个最主要的，例如烹饪、育儿、露营、绘画、网络营销、财务规划、职场、影评等。

②列出专家姓名。

把你想到的专家全部列出来，全部。当然不可能全部的人都会接受你的采访，但现在不可能，不代表未来不可能。当你越来越红，节目越来越多人看，就可以再尝试邀请一次，这样名单就不必再列一次。

③想出好问题。

这一点是比较困难的。一个好问题的特征是不落俗套、需要深思、能展现个性、一看就很想回答。要列出这些好问题，并逐字逐句修改成最佳问法，而“什么是好问题”和“最佳的问法”都是要花时间设计的。

我举个例子：提摩西·费里斯（Timothy Ferriss）在其著作《人生胜利圣经》中访问了许多名人，他想了解这些名人平常都看什么书，所以他费尽心思设计出一个好问法。

一般人会问：“请推荐几本好书。”“影响你最深的几本书是什么？”但他把问题设计成：“如果你要买书送朋友，会买哪一本？”这样一来，受访者就会真正去思考什么是好书，而且是他们不惜花钱买来送人的好书。

④找实验对象。

假设你预计做10集，可以先从最熟悉的那位做起，这样才会越做越好。

⑤辛苦自己，造福别人。

这是本企划的最高原则。“辛苦自己”表示自己多做一点，我在做“部落畅快谈”企划的时候，会先将采访问题寄给受访者，然后请他们口述，我再用录音笔录下来，回家边听边打出文字稿，然后再润色修饰，而不是直接要求他们写1000字回复我。如果是后者，我想受访者心里会不太舒服吧。建议你贴心地去帮别人着想，因为这是你的企划、你的内容、你的资产，你要多付出一点。“造福别人”的概念是，你要说服他们一起呈现好的内容，这是为了大众的利益。他的口，借由你的手，来改变读者的心。多伟大的一件事啊！

最后就是内容的呈现水准了。文字或视频？篇幅多长？这取决于你对自己的要求有多高，这就像一位厨师手中虽然有食材，但料理水平也有高下之分。

一篇好的专家访谈文，对于读者、主持人、受访者来说都是赢、赢、赢的局面。

集各家心法于一身的“人体白老鼠”

提摩西·费里斯（Timothy Ferriss）

提摩西·费里斯是美国畅销书作家、新创公司天使投资人。他主持的播客节目*The Tim Ferriss Show*下载量超过3亿次。他自称“人体白老鼠”，总爱亲身去试验不同的事物。他在出版第一本书

《一周工作4小时》后开始爆红，这本书的内容是他的亲身经历，这本书也是他个人职业生涯的转换点。鉴于他高度的试验精神、极强的自律性和持续的刻意练习，讲到个人品牌的成功案例，还有谁比提摩西·费里斯更具资格？

他到目前为止出版了5本书，做过300多集的名人访谈播客，其中与许多能人异士对谈过，且持续整理自己的内容精选辑，再将之出书，不断尝试新奇事物，没有因为已取得成功而停下脚步。

我们可向提摩西·费里斯学习的是：

①锁定一种内容形态，然后坚持一直做下去。提摩西·费里斯坚持录制播客，特别是名人访谈节目，每集时长平均2小时。

②善用名人访谈，快速冲高和确立自己的行业位置和专家形象。可能一开始因自己缺乏名气，邀请不到知名人士。但没关系，先以内容实用性取胜，随着自己名气慢慢提升，观看人数提升，来宾就会变得更好约。现在有人说提摩西·费里斯是“播客界的奥普拉”。

③不要停止尝试，每个阶段都不要放弃，不管有没有成功，“尝试的形象”“你努力的样子”都会被粉丝看到，这都是加分的。

④建立E-mail名单——这件事的重要性还需要我多说吗？

⑤定期整理做过的内容，可以提取当中的精华部分来出书。

6 影评是“百搭因子”

所谓“百搭因子”，就是不管你写什么主题，都可以用来吸引流量。例如颜值博主，不管写什么领域的内容，或做什么领域的网站，只要打出“颜值博主牌”，大概率会有人看。但有没有稍微有深度的“百搭因子”呢？有的，那就是电影。

人类有听故事的基因，所以基本上每个人都喜欢看电影（或类似的影集），而电影本身又不断在推陈出新、与时俱进，也就是说，若你是电影博主，会有源源不绝的新题材可以写，而且一定有人看。写电影评论比时事评论好，因为前者争议性比较小，后者若操作不妥，很可能一夕之间失去许多读者，风险比较大。电影人人爱，又比较生活化，看得懂的人比较多，受众群很大。特别是一些商业大片和它们的续集电影，还会产生叠加的效果，例如你写过《复仇者联盟》的影评，之后再写《复仇者联盟2》《复仇者联盟3》的影评时，第一篇影评又会被看到一次。

如果你写的题材很“硬”，那更应该搭上电影来将之“软化”，也就是通俗化。例如，“泛科学”是一个科普网站，很会搭上电影来撰写科普文章，所以你会看到：

“神力女超人的身材跟能力不科学？那是因为你漏看了她科学的那一面。”

“才不是大白鲨的等比放大！《巨齿鲨》真实样貌解析。”

“如果地球是个硬碟，生命如何创造资讯彼此沟通？《阿凡达》展现的生态文明。”

因为这个主题太好用，该网站甚至开了个栏目叫作“电影中的科学”。

如果连科学这么“硬”的题材都可以结合电影，取得大众关注，那可以说任何题材都能这么做，你是否可开个栏目叫作“电影中的美食”“电影中的穿搭”“电影中的心理学”“电影中的管理学”“电影中的两性学”等，无论你的创作是什么主题，都可名正言顺地来写影评。有深度最好，如果真写不出什么深度也没关系，光是剧情介绍、观影心得、延伸人物或相关作品（其他电影）介绍，也还是会有人看的，至少在流量方面会比一般文章好。

常写影评的人有可能会被电影公司看上，加入他们的媒体名单，每当有试映会时就会发送邀请函到你的电子邮箱，告诉你地点及时间，这样你就有看不完的免费电影，而且还是在正式上映的前几天，比你的朋友都更早看到。当然一开始你不会平白得到这样的机会，但累积了一定数量的影评后，便可主动去接洽电影公司，要求他们给你机会。建立良好关系也是需要时间的，一开始，你只能自费，但就“厂商机会”“免费换文”来说，电影行业应该属于最简单的了。

写影评能有多少收入呢？免费电影当然只是皮毛，影评博客写到一定程度，流量算是不错的，可以开始做流量变现。一个日流量1万的网站，平均月收入在2万元左右，如果你是兼职的，这点外快也还可以；但如果你是全职的，可能还要想办法通过其他方式变现，也就是内容变现、专业变现或品牌变现。我常提到一位叫作“多多看电影”的博主，他专心看电影、写影评，短短一两年内就冲出大流量，光靠网站收入就实现年收百万元以上，最近还开了一间工作室，准备扩张电影相关事业的版图，实为流量变现的最佳参考。最简单的内容变现就是收费写影评，这当然不容易，但还是有可能的。业界的指标性人物撰写影评不时会收费，性质等同于业配文。

如何专业变现呢？很久以前有个电影博主叫作“达鸡”，本名杨达敬。因为人长得帅，口才又好，加上拥有丰富的电影知识，于是进入某家电影公司工作。电影公司为了宣传，常会邀请片中明星来台湾参加试映会，试映会就需要一个主持人。为了省钱，该电影公司就请自家员工杨达敬来主持，没想到他主持得非常好，对这些明星演过的电影、角色如数家珍，让这些明星都很佩服，进而对他产生好感，指定未来还要他来主持。杨达敬就这样一路主持试映会，到后来主持了两届电影展，而他的头衔正是专业影评人。此外，电影领域的专业变现还包括当评审、出席记者会或当电影公司顾问等。

很多人看完电影就完事了，懒得再写评论（例如我），觉得看电影本就是一种消遣，何必把它当作工作。另外，可以写的题材太多了，他们可能不想去写这种通俗的题材。没错，影评就像美食评论、旅游攻略，属于门槛较低的写作题材，但这不表示它没用，事实上它很有用。我写过的影评，流量都很大，也引起了不小的互动讨论。其实我应该多写一点的。

最后，影评的深度范围很广，输出（output）的前提是要输入（input），如果你本身喜欢看电影，都花了2个小时在

input上，何不再花1个小时output呢？同样道理，也可“追剧变现”。假设你1年内能写出200篇影评，约2天写1篇，1年后这个网站保证有流量。我问大家，除了电影，还有什么能保证一个新网站的流量呢？我想答案并不多吧。

要不要从现在开始，把影评当作你的新内容分类呢？

7 写书评和举办读书会的好处

在网络上写什么题材能快速建立专家形象？这里再来讲一个，就是写书评。

假设你想成为生酮饮食方面的专家，你可以去买书，去借书，去书店站着把市面上关于生酮饮食的书全部看完，然后写出你对这些书的心得。这样会发生什么事？假设有个人刚开始知道这个概念，他的资讯来源很有可能是书，所以他上网搜索这些书时，就会看到你的书评，把你当成这个领域的专家。假设市面上共有10本关于生酮饮食的书，而你10本都有写过书评，至少在实体书的阅读者中，你还是很可能吸引到蛮多目标对象的。我们继续延伸下去，当他想知道更多或有问题想问时，由于读者无法直接联系该书作者，他可能会联络书评的作者，也就是你——那不就刚好无缝接轨了吗？继续下去，积累这些关键词、复制这些关键做法，在网络上你甚至比这些书的作者还强，有点像是作者在线下努力耕耘，但你却在线上收割成果，因为网友的“最后一里路”是你。

你的博客里面当然不能只有书评，你还必须写更多与生酮饮食相关的内容，如果你言之有物，确实称得上个专家，非常有可能被出版社看上（因为出版社也会搜索它们的书的评论），它们会开始认识你、追随你，说不定会喜欢上你，然后帮你出书。

当你写了足够多的书评后，你基本上也内化了10本有关生酮饮食的书，原本不是专家都变成专家了，就真的可以出书了。而且你还可以写别人没写过的观点，从新的角度切入，令人耳目一新。假设能得到出版社的支持，你又是本土作者，有读者基底，这本书的出版很有希望的喔！十几年前我在出版《部落客也能赚大钱》之前，就把市面上所有关于博客营销创业的书全部看过之后，才开始动笔，所以我常跟别人说：“创作是从阅读开始的。”你看的书越多，创作出来的作品品质就越好。

写过很多书评的人，有可能被出版社列入公关名单（也算是赠书名单）。每月，出版社会通过电子邮件给你发送关于新书的资讯，以交换你的媒体宣传及曝光机会，需要你写一篇专稿或在Meta上打广告。每个月都可以有新书看，这算是这个职业一个额外的福利，就跟电影博主常被邀请去试映会，可以免费看最新的电影一样。我几乎是每周都有新书可看，甚至根本来不及看完啊！

写完书评的下一步是什么？就是举办读书会。先从举办线下读书会开始，一开始来的人也许不多，只有5个人、10个人都可以。这是你从线上打回线下的第一步，所以一开始采取小步伐就好，当成你操办线下活动的练习。举办读书会，你至少要做准备，可以是做一份简报，也可以是抛出一些议题让大家讨论，还可以是玩一些互动的小游戏。在准备的过程中，你会更熟悉这本书的内容。在读书会的现场，你将与网友面对面培养感情，深化连接。如果你在读书会表现精彩，让来宾感到物超所值，他们可能就会变成你的铁粉。下一次的读书会，这些人基本就会变成固定来宾。慢慢累积这些读者，就不怕读书会没有人来，当人数越来越多，你可以提高入场费（卖更贵），可以办活动办得更频繁（卖更快），可以举办其他活动（卖更多）。

在读书会入场费定价方面，由于初期目的不是赚钱，而是磨炼你的活动筹备、演讲、做简报、临场反应等技能，所以定价不要过高，常见的收费标准是300～500元，含一杯饮料，时长为2～3小时。来宾可以听到这本书的内容精髓和你的简报课程，感受你的个人魅力。经过多次的读书会，你会有以下收获：

①对书的内容理解透彻，并可以用自己的话概括出来；

②很多为读书会所做的简报，虽然只正式用过一次，但可以累积成未来的教学素材，或放在任何适合的场所；

③做简报熟能生巧，将“看书加做简报”这件事标准化、流程化，可以把时间花在别的地方；

④慢慢累积粉丝，借由口碑效应，参加人数一定会增长；

⑤赚点小钱；

⑥在现场，你无疑就是首席专家（去习惯当专家的感觉）！

“写书评加办读书会”是一组不错的个人品牌策略，请大家也务必试试看。

8 网站流量增长妙法——列常见问题（FAQ）

无论你是新手还是老手、是个人还是企业，用这一招就可以让网站流量大增，并且保持长期稳定，使SEO效果持久显著。什么招数这么厉害？答案就是列常见问题（FAQ）。

做法很简单，就是不管在什么领域，你就一直列问题清单，能列多少列多少。假设你列了50个常见问题，然后针对这50个常见问题去写出最棒的解答，这样就可以写成一篇文章，例如：

养柴犬的50个常见问题；

兼职创业的80个常见问题；

网络营销的100个常见问题。

或是直接把“常见问题”独立出来作为网站首页的一个

大栏目，把这一栏目打造为网站的支柱文章，它将成为网站中最重要的流量来源之一。因为这一栏目的内容会越来越多，只要一直列问题、回答问题，这一栏目的流量飙升，整个网站的流量也跟着“水涨船高”。

如果是企业网站，可以把用户会问到的问题全部列出来并给出答案，再为网站设置一个搜索功能。这样一来，用户就可以自助搜索答案，企业也能省下一部分客服成本。所有大公司都会这么做，如Adobe、Dropbox、国泰世华银行等。如果企业都这么做，我们个人网站为何不这么做呢?

文章以问答的方式来写通常有以下三大好处：

（1）读者的阅读体验较好

他们不必看长篇大论，只要看想知道的部分就好。而且如果他们想全部看完，一问一答式的文章结构比较清晰，也较容易消化。

（2）快速建立你的专家形象

谁有资格回答问题——专家啊！当读者看到你列出100个问题，而且竟然全部都专业地回答了，他们当然会认为你就是专家。

（3）SEO大加分

每天可能有许多人在网上输入“如何养柴犬”“如何兼职创业”这些问题去找答案，如果你的网站、网页中有符合这些字符串的内容，搜索引擎则会认定你提供了解答，于是把流量导给你，提升该网页的SEO排名。这一点不只在现在重要，在未来更重要！因为未来是语音搜索的竞争，搜索引擎只会给用户最佳的搜索结果，也就是第一且唯一的答案。若你的网页上有完美解答，你就是唯一的流量收割者。这个叫作“精选摘要”，至于如何胜出，可参考搜索引擎的官方说明。

无论科技如何变，搜索答案这个行为都不会变。如果我们的网站上充满了答案，而且是最好的答案，巨细靡遗、全方位的答案，那“老天”（即搜索引擎）有眼，明察秋毫，迟早会把流量给我们。所以如果你刚开始经营网站，或是已经“卡关”很久了，列常见问题就是你随时都可以做、随时都可以让流量起飞的事情，而且帮助别人本身就很有满足感不是吗?

针对你的专业领域，能列多少是多少。当想不出来时，可以运用以下三个方法：

（1）善用搜索引擎的热搜结果

除了大家熟悉的“搜索框热搜词”外，还有一个更好用的方法，不过这个方法需要进行中英文的转换。假设我的网站是写关于减肥的主题，我到搜索引擎输入“How to lose weight”，会看到这些内容（见图4-1）。

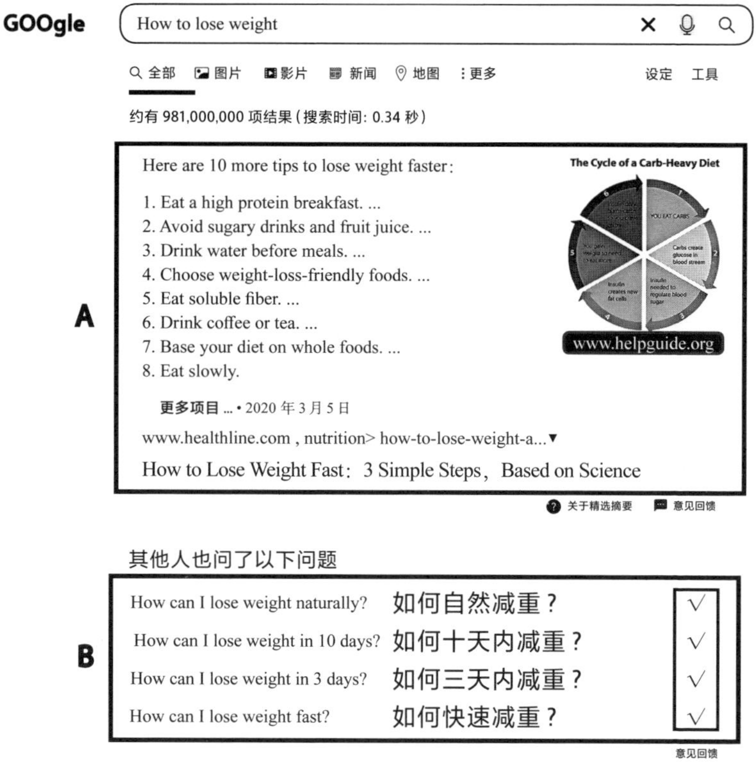

图4-1　问题的答案及相关问题

A区就是精选摘要，也就是搜索引擎认定最好的解答，这里网页的流量十分惊人，如果该网页上有放搜索引擎广告的话（当然有），收入也很惊人！B区就是相关的问题以及它们的最佳解答网页。目前就台湾地区的搜索结果来看，都还没有B区，而这正是我们的机会！怎么说呢？比如，Google提供全球性的服务，新功能都会在英文网页先推出，然后等到该功能修正调整一番后，再推向全球。目前台湾地区没有B区，但未来一定会有，若我的网站是写减肥的主题，我不知道有哪些问题是最多人搜的，就可以参考B区的相关问题。所以你只要会一点英文，或直接用翻译软件翻译一下，就能知道在英文世界，最常见的问题有哪些。你再把这些问题译成中文，然后针对它们去写答案，等到Google决定开放这些功能后，你是“坐B望A”啊！所以赶快决定你要抢占哪些关键词，然后就可以开始写答案了。如果你觉得不够，点击进去还会看到更多相关问题，就怕你写不完。

（2）利用Answer The Public

这个网站很酷炫。免费版一天只能搜一个关键词（但没关系，可以明天再来），它会针对Google热搜词把所有热搜字符串一口气全列出来，提供免费的Excel文件下载，你将

Excel文件上的字符串全部复制粘贴到Google，翻译成中文，然后你就有了一个热搜字符串清单。只要稍微改一下文法，它就成了你的待写文章清单，这个方法非常方便，而且清单上的这些问题已经证实被很多人搜过，你只要一个一个去回答，“中奖”的概率都很高。这个网站非常适合写教学文的创作者，因为它所列的热搜字符串就是网友在某关键词上的“常见问题”。虽然它是英国网站，所收集的数据资料也是英国网友贡献的，但全世界大家会搜索的内容都差不多，在英国适用的搜索内容，在中国应该也会适用。

（3）利用Quora

Quora就是美国的知识库，当你输入“lose weight”，就可以看到网友问的很多问题，还可以看到有多少人在关注这些问题。你可以从关注人数多的问题开始写。各国的知识库其实都是免费供应好题目的地方，Yahoo知识+、百度知道都可以给你很多题目，选几个你有把握回答的，先把题目列出来再说。

一开始，我建议你先列10个常见的、最多人问的，并且你可以立即回答的题目，每个题目的标题要精准、简洁，不要拖泥带水，要去想网友会输入怎样的字符串去找答案，像

“如何×××”“怎么才能×××”这种是常见的“网”，可捕获最大数量的“鱼群”。每个问题都要完整解答，不要写太少，至少500字以上吧。假设你有10题，乘以500字，这一页面上就有5000字了，足以让搜索引擎“看见”，说不定只需10题，你就有SEO能见度了（但这真的不一定）。

当你找到写作节奏，可以再列30题，一个月完成它，也就是每天解答10题，然后再列30题，隔月再完成它。你所解决的每一题都是竞争者的门槛，当你有了100题的常见问题集，之后要进入这个领域的人就很难跟你比了，问题集就是你一砖一瓦建立的“护城河”，搜索引擎还会帮你加速这个建立过程。你是不是迫不及待要列常见问题清单了呢?

你可能会问，如果题目很相似怎么办?例如：

“养柴犬的常见问题。”

“如何养柴犬？”

“养柴犬要注意什么？”

“养柴犬须知。”

“我适合养柴犬吗？”

假设你列了上述5题，那写的时候是单独分5题，还是就全部集中在“如何养柴犬？”之下？答案是视情况而定。如果是我的话，我会先把问题分类，把“养柴犬”放在九宫格的中间，再把周围分成八大类，分别是“食”“衣”“住”“行”“育”“乐”“费用”“其他”，再把我的问题一一归类，不确定哪一类的就放“其他”，然后再把这一页变成目录，就像一本书一样。这样的内容策略叫作“content cluster”（内容类聚），是目前“单页SEO”最好的一种，但前提是内容的质和量都要够。我觉得回答常见问题完美符合该策略。

收集问题、列问题清单是每个创作者都要做的功课，与其毫无头绪地乱写一通，倒不如把问题清单当成你的写作清单，当你想放松、换点花样的时候，再去写其他主题。特别是对于新手来说，网站的初始流量是最难吸引的，而解答常见问题则是一条努力付出必有回报的路，不妨先从这里开始。

9 重新规划旧文的三种简单方式

每个人吸收资讯的方式都不同，例如，有些人看博客，有些人看YouTube，有些人听播客，有些人看书，有些人上课……这也是为什么你的内容必须再利用，以不同形式呈现，在不同的平台展出。如果你写了1000篇博客好文，那些只看YouTube的人是不会看到的，所以为了扩大曝光，接触到新的观众，你必须把博客内容转换成YouTube视频，这些内容的核心不变，变的只是形式和位置。这便是内容重制及转换，英文叫作“repurpose”（重新规划）。若想赢得个人品牌这场战争，内容转换不是你想不想做或有没有时间做的事情，而是你一定得做的事情，否则将会渐渐失去曝光，最后被后进者以及那些紧跟时代潮流的竞争者给“覆写”过去。

当重新调整内容的形式时，你可以根据不同的目的进行调整，但核心理念要保持不变，让知识宇宙保持一致性。用户看了每部视频之后，还可跳转到你的博客继续看文章。真的不需要每次都创作全新的东西，可以把一个概念、一个观点、一个故事琢磨再琢磨、优化再优化。重复讲一个主题是完全可以的，因为不会有人看过你全部的东西。如果有，他们也一定是铁粉，不会介意，因为他们知道你还是会创作新的东西。

内容的重新规划也不一定是从文字转视频，当然也可从反过来。不过通常来说，文字是创作的基础，就算你拍视频也要先写脚本，录播客也要先有讲述大纲。我们基于文字内容，为大家提供三种简单的内容重制及转换的方法。如果你曾经写过很多篇博客文章，那可以马上开始行动了。

（1）从文章中提取重点或金句，配一张图片后发布在社群网站上

大家都在玩Instagram。如果你也想玩Instagram，但又不知道要发什么，不如就发自己的语录。提取你博客文章的金句，将其添加到合适的图片上面，然后在图片上加上你网站品牌的浮水印，让用户主动搜索你的品牌，以引流到自己的网站（Instagram不能放链接，除非付费）。“图加金句”这一招若用得好，击中目标人群，就可以带来大量分享，LINE

上面的长辈图正是如此。这些图片做好以后，不只可以发在Instagram，也可以发在Meta粉丝团（或好友、社团），还可以做成视频合辑发在YouTube。

社群网站很重视互动，所以也不一定每篇帖文都要说人生哲理，你也可以问大家“您同意吗？”“A还是B”，帖文下面的留言越多，帖文的触及率就越高。如果你觉得光发重点或金句网友们都没什么反应，不如改变一下策略，发一些心理测验或题目，让网友们互动。

（2）把文章念出来变成有声书，或是做播客

文章都写好了，只要逐字念出来，你就可以做播客。假设你已经写了1000篇，选一半适合讲述的就好了，你就有了500集的内容，每天更新也可以顶500天。保守估计，你一天可以念10篇，也就是说，在已经有文稿的情况下，你一天就可以制作10集播客！因为这是内容再制，而不是从头开始想，这样听起来是不是很容易、效率很高？

你说你的声音不好听，但我倒是觉得不必介意，因为连《食尚玩家》的配音员阿松都可以靠声音走红，其实任何人都可以的。我记得某位网红的音色也很平淡、没特色，她把自己的文章逐字念出，变成有声文档，让她的订阅者免费下

载，你也可以这么做。例如，在每篇博客的最后，提供MP3格式文件，或是把声音文件变成一个“引流磁铁”，来交换网友的E-mail。总之这些数字资产都是你的，看你要如何利用。每一集的前面都要把你的博客名称说出来（不要在后面说，因为听众不一定会听完），这样才有品牌宣传的效果。而当你的听众越来越多，就可以考虑原创内容，甚至请嘉宾和你对谈，真正地把播客当成主力媒体来经营。

（3）把文章重点转成简报，量多了以后就做成课程

每篇文章都至少要有一个重点，能解决一个问题。把它转成一张简报，不用叙述太多，用最精简的文字呈现，少便是多，但要确保你之后看到这张简报时，可以说出很多话。一张简报至少要说2分钟。当你把100篇文章的重点转成100张简报，基本上你就拥有了足以开课的简报数量。

我自己课程的简报数都在100张左右，不过光有数量还不够。一个优秀的课程，首先要有一致的主题，确保与你的简报融合时不会有违和感；其次要有架构的视频，例如将书的每个章节都做成一个小视频；接着要增加故事和笑点；最后要注重实践运作。一堂课程中有八成内容都是知识内容（例如书的内容占80%，故事和笑点占20%），而这些知识

内容从何而来？其实将其拆解成小部分来看，就是你平常写下的一篇又一篇文章的观点。当你的文章写得够多，自然就会形成一个庞大的知识体系，然后以课程的名义将其整合起来，就可以拿出去卖钱。

在推出课程之前，你还能做什么？当你有10张以上简报，你可以把它们做成Meta相簿，以相片的方式在社交媒体上与人分享，又或者是发到SlideShare这个网站给人下载。要记得都加上你品牌的浮水印，这样才会提高品牌认知度。当然你也可以在相片叙述中放上你的文章链接，达到引流的效果。不过在Meta上放链接，触及率可能会变低。

当你有了20张以上的简报，可以来做Meta直播，利用OBS或StreamYard软件来开设免费的微课程。这样做除了可以增加粉丝互动、建立专家形象外，还可以测试未来你开课会不会有人来听。如果你的直播是开在粉丝团里，你是可以针对看过直播的人来投放广告。在直播中你也可以得到粉丝反馈，或收集到很多常见问题（即他们的痛点），这些对于未来开课规划内容都很有帮助。

关于内容重制，你应该这么想：你要去服务那些不看博客的网友，去配合他们喜好的学习方式。因为你已经有了核心内容，你不用花太多时间就可以“复制”一份，接触到一群新的观众，你原本要花十分精力去找到10名新的观众，现在只要花三分精力就能找到10名新的观众，这么高投资回报率的事情若不做就太可惜了。

10 如何呈现“关于我”页面

珍珠奶茶是由“珍珠”和“奶茶”组成的，珍珠奶茶如果要做得好喝，两部分都必须好，“珍珠”必须Q弹滑嫩，“奶茶”必须香浓纯粹。如果你的珍珠奶茶不好喝，必须回头检查是哪一部分不够好，然后设法改善。

相同地，“个人品牌”是由“个人”和“品牌”组成的，两部分都必须够好，才可能创造出一个成功的个人品牌。想打响个人品牌，让它变现，你必须两者兼顾。但回到根本，你的产品，也就是你自己，是不是够好？

意思是，每个网站都有“关于我”页面，其实它可以说是最重要的一页，因为它是最详细的产品介绍页。“关于我”就是你的网络履历和存在证明，这一页一定要下功夫布置，该写什么文字，用什么语气，放哪张照片，列哪些事项，一定要思考、优化。大家都知道第一印象的重要性，多数网友只会看一次“关于我”，也就是说，你只有一次机会让他们认识你。

“关于我”页面的内容，我认为至少要涵盖以下五个部分：

（1）我可以帮助你什么？

品牌要可以帮助别人，我建议把这一点摆在第一位。你有什么专长可以帮助你的客户，你提供什么产品或服务，他们用了以后会有什么效果，对他们的人生产生什么影响？你就是“产品”，他们凭什么要用？说实话，你能帮助到别人，别人才会注意到你。不要吝啬，把你会的全部列出来，尽可能地去展现你的助人之心。当然，你也可以放上一些“使用者见证”，就是那些曾经被你帮助过的人，或者任何助人的证明。

（2）我的生活有多精彩？

没人喜欢无聊的人，即使你的专业性很强，有着热情助人的精神，但若你这人本身很无趣，那也不会得到大众关注。我们都听过网络上的各种卧虎藏龙的事迹，你要如何让人印象深刻？其中一个办法就是过精彩、非凡的生活。一位是朝九晚五的上班族，一位是环游世界的背包客，大家会更想看后者的生活，多数网友会想看与他们过着不同生活的人。例如，同样在煮饭，你可以表现得比较动感，比方说边唱歌边炒菜，大家就觉得比较好看。非凡的生活也一样，你不一定要花大钱，而是从思想上、言语上、行为上与众不同，一样会因为有差异性而吸引观众。

生活精彩＋演绎精彩＝超好看

生活平凡＋演绎精彩＝精彩

生活精彩＋平铺直叙＝精彩

生活平凡＋平铺直叙＝没人想看

在四种组合下，你有三个机会，所以并不会很难。多数人认为自己属于最后一种人，但其实只要懂得加强演绎技巧，就可以创造出精彩的人生。随着观众变多，商业机会变多，可支配收入变多，你就能慢慢迈向真正的精彩人生。此时，加上你磨炼好的创造力，呈现出来的东西就会变得超好看。

（3）我的立场和个性

创立个人品牌的目的不是获得最多观众，而是获得够多支持你的观众。当我们把重点放在后者，就会知道你的立场和个性十分重要。选举时你可以不谈论政治，以求稳妥；你也可以表达你的政治立场，来强化某一些人对你的印象，推动他们往成为铁粉的方向前进。这一过程也许会弱化一些人对你的印象，但若你的观念表述清楚，文字力度足够，也许会有更多人追随。重点是，不要怕流失读者，你什么都不做也一样会流失，这是一种自然现象。想想那些曾经跟你很要好的朋友，为什么现在都没联络了，你并没有做错什么啊！但其实就是因为你没做什么，随着时间流逝，他们就淡忘你了。也是说，你必须做点什么来维系感情，既然如此，就清楚表达你的立场或展现你的独有个性，自然地去吸引读者吧。

（4）我的里程碑

大家都喜欢听故事，包括你的故事。不信的话，你可以在Meta上测试一下，说你曾经遇过“阿飘”，感觉好恐怖，问问有没有人想听。我保证一定有。所以通过讲故事去吸引观众，是一件比较容易的事情。当然，如果你的主题是创业，那就要多讲创业者的故事，特别是你自己的。

在你的人生故事中，一定要有成功和失败，两种都要讲，不时交叉着讲，让人感觉你的人生上上下下、起起伏伏，这样才有可看性。如果你一帆风顺，这故事反而感觉有点假；但如果一直讲失败，会有人想看吗？会有人觉得他可以跟你学点什么吗？

另外，“关于我”页面为什么要写里程碑，主要是因为以下的第五点。

（5）我的客户是谁？

当我们讲个人品牌变现的时候，常忽略一点：我要把我的专业能力卖给谁？

营销上会说你的目标对象是谁。假设你是一位烹饪博主，你在“关于我”页面就要把这点考虑进去，你得先列出你的销售对象有哪些人，比如家庭主妇、上班族、SOHO族等，让这些人的形象浮现在心中。撰写任何内容的时候，想象这是为他们写的，久而久之，你的读者就等于你的消费者。打从一开始，就必须有这样的认知，并持续遵循这个原则来经营网站。

上面讲到“使用者见证”是为了销售而存在的，这些使用者要是目标对象（如家庭主妇、上班族、SOHO族），“种豆得豆”，以目标对象一号吸引目标对象二号。你可善用一些销售话语，但不要过多，因为“关于我”页面只是简短介绍你提供的服务。如果你是一个专业的讲师、顾问、SOHO接案人士的话，你可以另开一个栏目“服务内容”，把你会用的销售招数全用在这一页，但别在“关于我”页面占太大篇幅。

我以讲师为例。“关于我”页面应该是你这个人，所以放点专业背景、放点兴趣爱好、放点你的想法、放点销售话语，但不要全放你的销售内容，那样会像“硬销售”。你可以在这页某处写上“想知道更多我的服务内容或预约授课时间，请按此”，然后做超链接跳转到另一页，在那一页，你再把所有相关作品、使用者/客户见证、最有力的销售话语全部放上去。

“关于我”页面非常重要，必须不断修修改改，因为内容会越加越多，所以其实也可以做成两部分。一部分是短介绍，一部分是看不完的显赫经历。短介绍的部分不用太常更新，而长介绍的部分就可以一直加东西。除了方便别人（包括厂商）快速了解你的重点背景，以后你自己也方便复制个人介绍。

最后，你们还知道有什么我没讲，但非常重要的吗？没错，就是你的帅（美）照，露脸三分情，赶快去找专业摄影师帮你拍几张专业的形象照吧！

PART

5

营销个人品牌的制胜关键

1 “产品”和“营销”是双轨制

一份事业要赚钱，最简单的口诀是：有“客户”“购买”你的“产品”。

三个引号代表三大变数。“客户”是做营销得来的，“产品”是你自己要研发的，这两件事独立进行，然后“购买”将它们结合，帮你赚钱。

博客或YouTube频道并不算是你的产品。第一，它们的所有权不是你的（除非你自己架站），所以不会出现“你把它们卖掉”“被别人并购致富”的情形，就算你有日流10万的痞客邦或Medium账号，你还是无法出售这个网站。第二，你努力做营销，把流量带往你的博客或YouTube，让他们每天来，或订阅你的频道，但问题是，你要卖什么产品给他们？意思是，就算他们每天乖乖报到，看你的文章或影音内容，然后呢？你要卖什么给他们？你要怎么赚钱？博客或YouTube频道只是通往你产品的桥梁（之一），它们不是终点，它们只是过渡的中点，最终要赚钱，就必须继续走，直到客户购买你真正的产品为止。

实体产品包括你的自创品牌商品、团购商品、实体书、线下课程、线下活动等。数字产品包括你的电子书、线上课程、研究报告、订阅制服务、VIP会员等。我们创作内容，聚集观众，为的是贩卖我们的上述产品给他们，并不是卖我们的博客或YouTube频道给他们，千万不要搞错了。

很多人努力创造内容，经营流量，去熟悉SEO、Meta广告投放原则等，或是焦虑地用上所有营销的方法。但如果你问我怎么营销，我会反问你："你的产品准备好了吗？"

营销是在已经有产品的前提下才去做。我说过，博客或YouTube频道不是你的产品，所以重点不是去营销它们，让它们得到流量就结束了，若你想利用个人品牌赚大钱，就必须研发出可以卖钱的产品。一定有很多人会讲："有流量就有广告收入，一样可以赚钱啊。"这句话当然成立，但是他们小看赚钱这件事了。流量很难获得，注意力很稀有，我们要把它们带来的效益放大，让流量的价值最大化，如果只用它来赚广告收入，那就太可惜了。你应该有的观念是，广告收入只是一个开始，到了最后会变成配角，不应该是主要的收入来源。特别是像我们这种"小众"又"个人"的网站，我们不可能靠广告费来致富，你很难通过它实现规模化的增长，让我们的收入倍增。而且这笔收入是别人（如Google）给你的，并不是你靠自己卖商品赚的，你几乎没有掌控权，只要运算法一改，你的收入就会变。

我们必须研发产品，但我们怎么知道研发什么产品观众才会买单呢？这一点，才应该是你经营内容、经营流量、经营观众的重点。你得倾听、洞悉观众的需求，甚至可以直接问他们，所以这要“双轨并行”。好比攀岩，你要右手上，左手跟着上，然后右脚上，左脚跟着上；有时候看地形，你可能左脚先动，然后右脚跟上……你的左手左脚和右手右脚就是你的“营销”和“产品”，二者相辅相成，保持身体的（事业的）平衡，助你一步步稳定地向上。

很多博主、YouTuber、网红办组团购都很成功，这是因为他们的“营销力”大于“产品力”，长年下来累积的营销能量没有地方释放，遇到厂商的好商品之后才爆发。但想象一下，若不需要和厂商拆账，而是贩卖自己的商品，是不是能赚更多了呢？

这里是想提醒大家，时间的分配要一半一半，一半的时间花在产品上，一半的时间花在营销上，而且若有优先顺序的话，产品的研发和优化，会比你努力做营销更重要，因为没有好的产品，做再好的营销都是浪费时间。此外，你一定要有观众反馈才能研发产品吗？当然不是。你去看市面上哪些课程卖得比较好，做一些简单的市调，问一些能提出建设性意见的朋友，就可以开始研发产品了，基本上不需要经过那条漫长的“搞流量、听意见”的艰辛之路。

个人品牌最终要赚钱，必须像家公司一样，提供够多、够好的产品供人选择。当你有了产品之后，再去想五花八门的营销招数吧。别傻傻地把所有时间花在经营流量这件事上，这真的只是路程一半的一半而已。

2 一个人是怎么“变红”的?

前面说过把个人品牌拆开，就是“个人”和“品牌”，前者是做好自己，后者是营销自己。哪个比较重要？多数人觉得只要做好自己，让自己变得很专业、很厉害，大家自然就会知道自己了。错！根本没人知道，最多就是你身边的、常见面的人知道而已，那能有几位？50位、100位就到极限了。

我们从做生意的角度来看此事，如果你有个好东西，卖出去100件或许能小赚一笔，但不算有规模，事业成长有限，纵使有些人会买第二次，但客户基数还是太小，很难形成雪球效应，让生意越做越大。两者固然都重要，但若一定要选一个，我认为是“品牌”，也就是你要懂得营销自己。

品牌建设和低调推广是互斥的，就像磁铁的两极不可能同时处于同一端。如果我们的目的是吸引粉丝，那我们必须保持品牌建设和高调推广的一致，才有可能达成目的。建立个人品牌不是一件容易的事，就算你已经下定决心去做，也不一定会成功。套用名人的一句话：“你要很努力很努力，才有可能会有一丝丝的成功。”

因此，首先你要克服心理层面的障碍，你得确定你想不想被看到，如果你选择不想，说要低调、要保持神秘、要被动地等待发掘，那成功的概率真的十分低。你可能会问，如果自己的个性就是内向、保守、放不开怎么办？我会说你想太多了，因为就算你用尽一切力气去尝试，也不一定会成功啊！对于那些认为只要高调就会成功、走在路上就会被粉丝认出、出门就会被狗仔队挖隐私、走红毯就会被闪光灯“围攻”的人来说，他们真的是太高估自己了。

假设你已经铁了心想被看到，想高调，却怎么样也红不起来，那我告诉你：学一个人的文笔，叫作抄袭；学一百个人的文笔，就叫作风格。跟一个名人合照，会被说沽名钓誉；跟一百个名人合照，就是德高望重。教好一个孩子，你是尽责的父母；教好一百个孩子，你是教育英才。喝一杯珍珠奶茶，图一时口舌之爽；喝一百杯珍珠奶茶，你就变成胖子了！还要继续吗？

量变引起质变是经科学实证、不可动摇的客观事实，一个人从默默无闻到“红透半边天”，九成九都是因为持续产出，然后慢慢地变有名。我最常说的八字箴言“作品连发，量多必中”，但这个“量”到底是多少？如果我是博主，我要写几篇文章才算有量？如果我是YouTuber，我要拍几个视频才会红？

创作是一种艺术，既然是艺术，就很难被量化，难以用科学的方法来评鉴。一个人究竟是在什么时间点变红的？这个问题其实有点难。

有两种解法。第一种解法，我们可以去调查已经走红的那些人，请他们回想花了多长时间才走到今日的地位。周星驰应该是凭借《赌圣》走红的，在他出道之后的第10年。宫崎骏自1953年学习绘画，10年后才决定以动画师为一生的职业，1979年凭电影《鲁邦三世：卡里奥斯特罗城》成名，历经26年。全球第一个订阅量破亿的YouTube频道“PewDiePie”在2010年开播，2012年达到100万订阅量，其间他上架超过100个视频。我没有证据，但印象中一位创作者想要走红，基本上需要5～10年，或累积超过100部作品。你若还没有达成两者其中一个，那就先不要想走红这件事，请先达成再说。

第二种解法，是去查看你的流量/订阅量走势图。看它有没有在某一个时段突然爆冲，就像一根曲棍球杆竖立的样子，这种现象叫作hockey-stick effect（曲棍球棒效应），这是多数创作者走红的走势图，就像媒体报道的“十年寒窗无人问，一举成名天下知”那样。为何会有这样的走势？因为你的好作品终于被大众看见了，然后疯传，各项数据疯狂上涨，讯息不断涌进（包括商机）。想让走势持续上扬，你必须已经拥有足够多的好作品，不然你只会成名15分钟，然后被打回现实。一时的红叫作红吗？当然不是。

如果你已经创作超过10年，作品也超过100个，但你还不是很红，这有三种可能性。第一，娱乐性不够。PewDiePie之所以红得这么快，是因为他踏上了YouTube这道大浪。他的视频充满娱乐性，加上游戏本身就具有娱乐性，而且直播时他口无遮拦，说话接地气，看的人觉得解压，于是变成死忠观众。蔡阿嘎等YouTuber也属于这一类，因为站在巨人的肩膀上，量多就必中。传统电视节目、电影的传播速度比较慢，连周星驰这样的演艺巨匠都花了10年才成名，但若将同样的才华施展于网络上，成名速度就会快很多。

第二，你不够上相，也许是面貌不美，口才不好，不够有特色。要想走红，最好能站在幕前，这样走红的速度会快一点。假设你是知名畅销书作家，可以办签售会，总有一天你要露脸。如果你天生颜值只有50分，可以靠穿着、礼仪、气度、学识和说话技巧等来“提分”，力求能够及格。但这点本篇不深入探讨。

第三，可能是你的创作没有价值，精准地说，是对别人没有价值。例如，你5年写了200篇的自我心情日记，这对别人有什么价值吗？你10年写了500篇的育儿记录，这对别人有任何帮助吗？当我们说“价值”，是指它到底可以如何具体化。更重要的是，如果我不想搞笑、不想说脏话，我又长得不够好看、不上相，那我还有可能创作有价值的作品吗？当然有可能。很简单，有价值的内容可以解决别人的问题。价值等于解决问题。

你写了200篇的心情日记，还不如好好写1篇“我如何走出忧郁症”。你写了500篇的育儿纪录，还不如好好写5篇“副食品制作方法”。你拍了10个旅游Vlog，还不如好好拍1个“如何用2万元在东京玩5天”的视频。与其随便做很多事，不如好好地做一件事，让它比99%的同质作品都好。

创作者能否走红只有两个变量：数量和品质。因此简单的结论就是：如果“量”已经够了，但是你没有红，就表示“质”不行啊。说难听点（比较有效），你的作品太烂啊！当然你可能会说，很多人的作品也很烂啊，为什么他们红了？那是因为他们碰到了贵人。而且判断作品好坏是很主观的，如果你的作品在贵人的眼中是好的，就有可能得到贵人的帮助。但我觉得这太不可控了，所以最好把它当成额外的机遇，我们应尽力去做可控的项目，同时等待不可控的好运降临。

3 “热情外露”可能是你欠缺的关键成功因素

（1）热情要如何内外兼施？

大家都说做事要有热情才会成功，但常常忽略了一件事。热情是无形的，往往是看不见的，当然，它是从底层推动你去做某件事的力量。但你知道吗？热情变现的秘密在于“外露”，如果你能内外兼施，这对于发展个人品牌非常有利。什么意思？我来解释一下。

你一定看过某些激励演说家，用生命在鼓吹大家要奋发向上、获得财富自由等。如果把他们的演说稿给另一类人，用平淡稳重的声音来讲，你觉得听众会被“燃烧”起来吗？当然不会，这就是“热情外露”。

国外有很多人在教如何创立个人品牌，如盖瑞·范纳洽（Gary Vaynerchuk）。如果你看过他的视频，可能会觉得他教的内容其实还好。然而，配上他高亢沙哑的声音，感觉他像燃烧生命在推广这件事，你的情绪就被他“点燃”了。

每个人会对某些事都有热情，但你有把它表现出来给大家看吗？你一定要！你不仅要清楚地让大家知道，还要尽可能地将热情传染给听众，因为热情传达内容绝对会比平淡传达内容有效。如果今天身为创作者的使命，就是要传递某些讯息给观众，那么前者就是我们必须努力的方向。

讲到这里，我来插播一个实用的方法。当你看YouTube知识型视频时，你觉得演讲者坐着讲还是站着讲比较热情？答案是站着讲。所以当我们拍视频时，站着讲，至少要半身（到腰部），会展示更多的热情给你的观众并感染他们。很多时候我看很多人坐着说书或解释一些东西，观众看久了也会跟着放松、懒散，特别是那种很长的视频，因为热情感较少，你要很有耐心才看得完。如果演讲者站着或跑来跑去（例如旅游），再搭配手势、动作、语气，就能让观众一直看下去。这叫作“镜像神经元”，指我们观察别人的行为时，会感觉自己也在进行同样的行为。所以当你站着显现出活力四射的样子，观众也会有同样的感觉；你一直坐着讲话，非常理性，观众就一样坐着发懒，渐渐失去耐心。

技术上，站着拍比坐着拍门槛更高，因为至少要有够高的脚架和灯光。而且因为你无法站太久，所以视频基本能保持时长短、节奏快，这对你和观众都是好的。那如果你真的要长篇大论呢（例如产品开箱）？我建议穿插一些站和坐的片段，总之不要一直坐着，背景也不换，这样就算视频内容再好，因为热情渐失，观众也很难看完。

（2）热情可不可以变现？

想象一种情境：有一个人，口齿清晰，形象良好，但他肚子里没什么内容，所以只能照稿念，但他用非常热情的口吻来演绎这些内容，让听众感受到他的热情，并受他感染，吸收了这些资讯。有可能吧？当然有可能，所以热情本身是一项技能，一项足以变现的技能。

相反地，你非常有内容，干货满满，口齿也清晰，形象也良好，但你习惯用疲软无力的口吻说话，或用厌世的态度或不耐烦的表情呈现，那也不会赢得观众的喜爱，再好的内容也传达不出去。

热情不仅要有，还要尽量释放。当人们被内容吸引，接下来关注的就是演绎者的热情程度。不论是真实反应，还是专业伪装，传达内容的同时，若能展现热烈的情绪和强大的感染力，会对个人品牌发展非常有利。我认为热情本身就是一项资产，它其实不是打底的功夫，也不是什么初衷，而是一种基本的表演能力，它跟口才、手势、遣词造句一样，都是可以独立看待、可以练习改善、可以不断提高的能力。观众越来越挑剔，他们在观看的时候希望能够被挑起情绪，才会继续听下去。用热情挑起情绪是很重要的，你必须学习和练习如何展现热情，并将你的热情传递出去，才有机会将内容传达出去。就算你本身不是一个很热情的人，在讲述你的内容的时候，也请多少要表现出你的热情。

（3）热情要如何学习呢?

首先，我觉得热情是很难伪装的，当一个人对某件事很有热情，会发自内心地表现出来，我们只要不刻意隐藏就好。但是有时候你讲同样的事情讲太多，热情就会慢慢地消退，这个时候怎么办？我的建议是在内容上做点改变，尝试维持同样的热情。“如何维持热情？”又是另一门学问了。

另外一种学习方式是参考他人，例如去上知名讲师的课。我在此特别推荐谢文宪的课，听众都会被他的热情打动，不自觉听得如痴如醉。当一个人的热情到达一个境界，他的热情足以覆盖他所有的内容。举例来说，我认为如果让谢文宪去讲所有的主题或内容，都有可能比大部分人讲得好，因为他展现热情的方式比一般人好，也就是说热情可以帮助你更容易地传达内容。当然，你这人也不能光有热情，如果内容没料，那听众会觉得这听起来好像是一场很精彩的演讲，但也没学到什么。热情不是要你会花拳绣腿，而是要有真材实料，这样才会产生加倍的效果。

结论就是，为了让你的内容更容易传达出去，你必须努力真诚地展露热情，增强感染力。

善于拥抱数字趋势的激励大师

盖瑞·范纳洽（Gary Vaynerchuk）

他是创业家、天使投资人、畅销书作家。他以夸张的身体动作、沙哑激昂的语调表达自己的理念，将演说视频免费发布在各大平台供人观赏。他请了一个随身摄影师，将他的生活点滴都记录下来，其中有很多他在街头与粉丝的对话。他让助理对视频进行后期制作后，通过社交媒体大量推送。这些看似随机激励人心的视频，每天如病毒般传播。最难得的是有粉丝自愿帮他翻译成中文，也因此他在华人圈的知名度也相当高。

他的Youtube频道“DailyVee”有近200万订阅量，“AskGaryVee Show”视频库也有近20万订阅量，很多集都有超过百万人次观看。他的播客节目*The GaryVee Audio Experience*为全球百大播客。他很自豪自己在22岁的时候开始助力家族事业，让家族事业的市值从300万美元增长到6000万美元。34岁的他创办了自己的公司VaynerMedia，市值从零增长到15000万美元。

他是天生的创业家，也是一个洒脱不羁的演说家。他说每次上电视或上台时，他的身体和语气都会自然地亢奋起来，可能因为他是20世纪80年代电视脱口秀和WWE摔角迷。他在镜头前看起来也许有点浮夸，但他是个正道的生意人。他说，虽然常被人误会，但还可以接受，因为这就是真实的他。他对网络及科技领域的发展很有洞见，而且预测都相当准确。

热情(enthusiasm)和真实(authenticity)是他的两大特点。他很敢批评，甚至敢直接打别人脸（希望把你打醒？），这些都无损他的网络声誉，为什么？因为他的内容对于多数网友来说很有启发。他不断投资自己的公关形象，做出高质感的视频，把自己当成最佳男主角，以人生导师、关怀者的形象展现，而且不直接赚粉丝的钱，他表示他看重的是长期效益而不是短期效益。观看他的视频会让人热血沸腾，充满自信，但他觉得光有自信并不够。他在视频中常劝人不要光吸收知识，重点是要去做，开始创造点什么，但99%的人还是只在看，等着被激励……所以不要再看了，赶快去做比较实在！

4 我们该如何玩Meta?

（1）在Meta的游戏规则下发展个人品牌

“玩”是很精准的用字，因为Meta就是一个游戏。简单地形容，你必须懂得游戏设计者的心理，然后遵守它的游戏规则。我上过内容营销大师Joe Pulizzi的课，他说我们要“Play social media like they won't exist tomorrow.”。其中文翻译是：尽情玩社交媒体，仿佛它明天就会不存在。社交媒体如Meta变化太快，以前的触及率可到10%，现在可能连0.5%都不到，当年那些玩到10%的人都赚到了，我们现在只能玩到0.5%。不过虽然比以前难玩，但至少还有0.5%可以玩。如果你以这种角度去看Meta营销，那Meta该怎么玩？答案就很简单了：尽情玩、玩到极致、物尽其用！

我常说Meta不是维持人际关系的地方，它就是一个营销平台罢了！既然如此，你当然要把自己当成产品来销售，所有能展示你形象、情感、个性、能力的帖文，都要“开地球”（公开给所有人看的权限），根本不要客气或保守。何况就算你积极开放，触及率也不见得会有多好。

还有一点很重要，如果是个人品牌，我们该玩个人账号还是粉丝团。如果你有长期关注我，会发现我几乎没在玩粉丝团，所以答案很明显。从个人品牌的角度来看，玩个人账号比较好，为什么？让我详细说说。

Meta是家上市公司，是社交网站，也是广告平台，所以在这个游戏中，有三个互相影响的要素（见图5-1）。

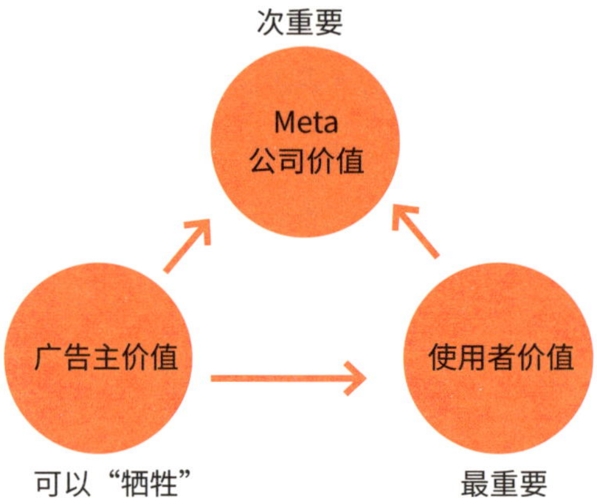

图5-1　玩Meta的三要素

①“Meta公司价值”：老板、员工、投资人要赚钱，股东要追求最大利益，若发现股价不振，就必须有所动作。

②“使用者价值”：我们一般人要能在这里交朋友和进

行其他社交行为。

③“广告主价值”：利用Meta广告的厂商，如果要宣传产品、找潜在客户等，目前只有粉丝团可以打广告，所以广告主等于粉丝团。

Meta必须在三者之间找到最佳平衡，所以会做持续性的测试与调整。在Meta公司还没上市时，它重点关注用户，所以我们每则帖文的触及率都很高，粉丝团的触及率也很高，因为Meta要的就是大量的用户，以及提高用户满意度（以增加更多用户）。当Meta有了一定的用户规模后，渐渐地会出现广告商，即想利用这个平台来做广告的人，其中品牌厂商占了多数。而后Meta决定收割，为了不伤害用户价值，当然是拿广告商来“开刀”（以后也是），因为用户和广告商的价值是不同的。用户在这里社交，广告商在这里营销，聪明如你，应该看得出来谁是“肥羊”吧……

最好的玩Meta的策略，就是成为使用者中的广告商，也就是用你的个人账号去做营销。第一，我们不卖产品，所以用粉丝团去打广告很难有报酬；我们卖的是自己，所以用用户身份去打广告是免费的。第二，你是否听过很多粉丝团抱怨Meta触及率下降？身为用户，你可以躲在保护伞之下，因为Meta始终是个社交平台，最不可能牺牲的便是用户价值。

也就是说，在这个三角关系中，用户是排第一的，Meta可以牺牲自己的股价，可以去惹怒广告商，但它必须保护用户，否则当用户离开，它什么也不是。所以如何玩Meta，利用它来打造个人品牌？结论就是拓展你的个人账号，从加好友开始。好友就是你的客户基础，可以将他们看作你的潜在客户。

最后有一点要注意，除了好友数量，参与度也很重要。假如你有5000个好友，但其中存在很多假账号、“僵尸”账号，还有许多不熟悉你、不看你的动态或不跟你帖文互动的人，那么你账号的参与度会很低。想象你发布了一则帖文，5000个好友的账号却只有10个赞，Meta可以很快算出你账号的参与度不高，从而判断这是一则不好的帖文，进而降低你的触及率，或伤害你的账号信用（我猜暗地里是有类似这种机制的）。这也是为什么每当我的账号满5000个好友时，我就开始清好友。把好友列表往下一直翻，越下面的好友感觉越没有互动，我共清了1000多个好友（超累），自己感觉帖文的触及率并没有受影响，试了两次都一样。我认为Meta有很人性化的运算法，它最希望的是某个账号很活跃，好友数和参与度以正常的速度发展，质和量均衡地增长。所以在我们大量加好友的同时，请大家务必也要拿捏好参与度哦。

（2）“软硬兼施”的高品质帖文

很多人问我，Meta要写出名堂，每天该写些什么？能不能有策略？我无法代表每个人，但以下是我自己的心得：

①专业内容约占30%。

每个人都有其专业能力，但只有两成的人愿意output，其中再有两成的人会持续output，那你就有4%的概率“被看见”。现在你来到营销漏斗的顶端，接着必须继续向下探，来到“感兴趣”“购买”的漏斗中下层。但若要掘得深，就不能仅仅发布专业内容，必须从各种角度和隙缝向下挖掘。所有与工作相关、阅读学习、励志上进等的内容都属于专业类。

②生活内容约占20%。

“专业为硬，生活为软。”想拥有坚实的个人品牌，必须“软硬兼施”。上过我的课的人都知道，真正的铁粉不是爱你的专业，而是爱你的人，因为专业内容很难产生情感连接，但生活内容可以。简单来说，专业内容只是网友认识你的入口，生活内容可以让网友全方位认识你。所有关于你日常生活的大小趣事都属于这类。

③旅游内容约占20%。

一个再厉害的人，生命中若缺乏旅游或出去走走的经历，不就像是机器人吗？对，旅游内容和生活内容加起来的比例甚至超过专业内容，我认为这才是健康的，专业内容不必太多，占三成绰绰有余。我每次出国旅游，办公室的同事都说感觉像我带（代）他出去玩，所以旅游又能聚集焦点，或许是因为太多人被困在办公室了。

④亲子内容约占10%。

当一个人有了父性或母性的光辉，成熟度、亲切感全部加一成（层），包括实际的点赞数。若你没有孩子可以晒，晒宠物多少也有一点效果。

⑤公益内容约占10%。

形象要顾。公益内容不用多，偶尔发一下就好，发太多会有点矫情。但私底下还是要做公益，心存善念，有机会就多助人。

⑥格调内容约占10%。

有时候要让自己看起来有格调或者有品位，突出我们和一般人的不同，显示出差异化，这是自我独特性的一种表达，比如打卡美术馆、欣赏古典音乐等，从多个方面精心打造我们的人设，彰显自己不可复制的独特魅力。

⑦时事内容占比不定。

这是创作类的Xfactor，它的比例可大可小，高风险、高报酬。如果你想要红得快，就100%都写时事，然后连接你的专业能力，好处是红得飞快，坏处是哗众取宠，容易被人讨厌。由于获得注意很难，因此许多新人为了快速走红容易染上这种瘾。

以上创作类型在博客／Meta／Instagram／YouTube皆适用。适用对象是已经有超过1000位好友／追踪者的人。如果好友数／追踪数低于1000，这个比例就需要重新调整。怎么调整？很简单，专业内容占80%，再尽可能去连接时事，剩下20%写生活或旅游内容，先维持这比例约半年，拓展你的个人账号。

（3）利用Meta个人账号建立网络影响力

既然1000名好友是你在Meta上个人影响力的起点，标志着你在游戏中脱离新手村，那怎么做才能继续增加好友呢？

第一，还记得你已写出许多类型的文章了吗？若无意外，这些文章会从你已有的朋友圈开始向外扩散。有些人看了你的文章，会主动来加你好友，这种“自投罗网”的人最好了！只要确定你们有一样水平的共同朋友，请一律添加。

第二，请你厚着脸皮主动加别人。先从那些有在这些文章下留言的人开始，因为他们看过你的文章，而且还愿意留言。只要时间不长（例如三天内），他们应该会对你的名字有印象，冒昧程度比较低。当然不会全中，你也不要觉得丢脸，虽然你还不是一个大咖，但你迟早会是。随着你的专业文章连发，经验值增加，你账号的权重变高，添加的好友的质和量会提升。

第三，若你有机会去演讲，简报上就要放你的Meta账号，并鼓励听众来加你好友。假设你演讲表现良好，一次就会进来50位、100位新朋友。若你没有机会演讲，但总有机会参加各类型的线下聚会吧，请确保名片上有你的Meta账号，因为在交换名片的同时，也在交换Meta账号。

第三，去加那些意见领袖、网络大咖。具体如何做呢？有三种方法，其一，去线下场合认识他们，当面有礼貌地问他们能不能加好友。其二，有礼貌地私信对方，记得要自我介绍一番，若你们的共同好友里已经有意见领袖、网络大咖，对方接受加好友的可能性比较大。我在此也公开宣布，若你不是怪人或坏人，都可以加我Meta好友，然后利用我当共同好友去加其他的网络大咖，我不介意你这样做（再次强调，若你不是怪人或坏人），因为我知道这一步很重要。你在Meta上有很多大咖好友，能提高你自己的信誉。其三，你同时要努力成为一个大咖，至少在专业展示方面做到突出，然后等待他们主动来加你好友。不过第三种方法最难，因为这些大咖们很可能好友列表已满，无须主动去加别人好友。

主动去加好友，也许很多人会觉得不好意思，但如果你是要散播正面影响力、帮助社会的人，这点厚脸皮算什么，只要不忘本，保持良善的意念和行为，这些都是必要之小“恶”（如果你觉得这是恶的话）。我想强调的是，努力上进做好事，会不好意思吗？拓展你的Meta账号，尽量加满5000名好友，开放追踪功能，努力做到每则帖文都有千百个赞，不过这只是个人品牌事业发展中的一小步而已。

最后，你可能会问，我加了这么多好友，每天动态一堆，我要怎么看？我的回答是，一开始你得忍耐，多给大家点赞，每次给别人点赞都想成是“经验值+1”，在成大事之前这些都只是小事啦。当你的账号名气越来越大，若真的不想看陌生人的动态，再取消追踪就好了。

切记，Meta就是一个营销工具，既然是工具，我们应该物尽其用，顺从它的游戏规则，占领最有利的位置。

5 如何找到贵人？

对你人生有关键帮助的人统称“贵人”，你知道为什么吗？我的解释很特别也很简单，因为他们比较“贵”，对，就是价格上的贵。我说得很通俗，意思是你要花很多钱，才有可能遇到贵人……

遇到贵人有两种方法：一是等贵人主动来找你，二是你主动去找贵人。我们说物以类聚是不变的法则，所以第一种方法，只要你自己也是贵人，那么自然会吸引其他贵人来找你。很多人说我（对，就是我）是他们的贵人，不管是线上或线下，出书或演讲，因为有我的帮助，他们才有今天。感恩的人必会回报，所以我会继续帮助他们。但你可知道，我变成其他人的贵人，要先花多少钱吗？为了达到能帮助别人的高度，我花了多少时间在阅读、写作、思考、体验、反思及验证上？我花了多少钱去上课、学习？我又花了多少时间和精力去社交、维持人际关系，仅仅为了深耕专业和拓展人脉？我付出了很昂贵的代价才有今天，所以我才用第一种方法。一路走来，我的时间、金钱、心血和体力，都是非常“贵”的。

第二种方法，你不花钱投资在自己身上，而是想试试有无更快的方法能让贵人来帮你。答案是有的！但你依然得花大钱，你去想想社会地位高的人士会在哪里出没，你买张入场券进去认识他们。虽然这入场券可能很贵，例如很贵的课程，起码两三万元以上的价格，但除了讲师本身会是你的贵人外，同学们也是。你想想，愿意花高额学费的人一定是为了再次提升自己，应该是已经在某专业领域达到一定水准，然后有点小钱，想提升自己的能力。当全班同学都是这样的素质水平时，大家都将互为贵人，而你不就进来这个圈子了吗？因此，想认识贵人，第一步就是要勇于投资自己，花钱养钱（未来的钱），花时间养时间（未来的时间）。如果你没钱或不愿意投资自己，那你将永远在你的同温层间游荡，无法升级，就算你运气超好遇上了贵人，他也不会想帮你。为什么？因为帮你也是白花力气啊！

要把“贵人”想成“贵的人”。很多人认为要先有钱，才有闲钱投资自己和结交人脉，这是错的。正确的是要先愿意花钱和时间投资自己，才会真正地赚大钱。两种方法其实殊途同归，当你自己变成贵人，你的身边到处都是贵人。

“贵人，不要去外面找，先从里面找。”

PART

6

最高经营目标
——培养铁粉社群

1 RFM模型——维系会员的科学理论

CRM（customer relationship management，客户关系管理），用一个单词来说，就是retention（维系）。

- member retention：会员维系
- customer retention：客户维系
- audience retention：观众维系
- fan retention：粉丝维系（不过，这个词比较少用，因为粉丝就是观众的一部分。）

整个CRM或retention的目的就是不让人脉流失。但人脉流失是自然现象，就好比你的小学同学、中学同学，多半都已流失。一家企业要壮大，客户要增加，粉丝要累积，该企业必须成长（grow）。成长的速度要快于流失的速度，即“增加>流失=成长”。有一段时间很流行“成长黑客”

（growth hack），它就是一门用尽各种方法将此差距最大化的学问。

获得的英文是acquisition，因此会员获得为member acquisition。一家企业获得会员，只是一个开端，最终目的要干吗？当然是赚钱，但只讲赚钱太狭隘，所以我们把目的讲成是对企业的贡献（contribution）。

所以我把事情简化成三部分，任何企业业务其实就在member acquisition, member retention和member contribution中打转：“求生→上轨道→大展宏图”。

三部分中最重要的就是member retention。在这节中，我会引用一个科学模型来强化member retention。

在零售业中，有一个CRM模型叫作RFM Model，以下是名词解释：

- recency：客户最近一次动作。可能是消费、开信（打开电子邮件）、点击网页、观看直播或参加任何跟你相关的活动
- frequency：频率。客户多久做一次动作，例如多久消费一次、开信一次、看一次直播等
- monetary：客户花多少钱。如果不是销售行为，那就把它想成贡献度

如果你经营的是大型电商，会拥有一个庞大的客户资料库，其中每个人的每项行为都被记录下来了。当你提取这些资料，再加以分析，就是大数据的应用了。首先我们会指定一段时间，例如6个月之内有多少人购买，这是R；或统计所有人的购买频率或周期，这是F；或统计某些人的总购买金额是多少，这是M。若资料齐全，再利用自家程序或外包软件，就可以发现很多科学事实，通过反复验证，可以逐步改进。对于零售业来说，不懂RFM模型，或没有针对客户去做如此的分析应用，那真是太不科学了。

我们把零售业换成“创作业”呢？基本上也是一样的。我们的商品就是内容，我们的R除了表示卖东西（例如线上课程、订阅制），也可以从参与度来看。但我们花不起大钱去聘请数据工程师，或买贵的Salesforce服务，怎么办？有一个“穷人版”的方式就是用E-mail营销商，例如我用的ConvertKit，它可以看到每个人的开信率（电子邮件被打开的比例）、点击率，大概知道某人的R和F。那贡献度怎么看、怎么算？假设我上传一个YouTube视频，我把这个视频发给我的1万名订阅者，有30%开信率、20%点击率，那就表示2000人在第一时间去看了我的新视频。当某个视频一上架就涌入很多人观看，在YouTube的运算法上就会加分，提高该视频的触及率。这里的M不好算，因为那是YouTube给你的收入，但至少，E-mail是绝对有贡献度的。博客文章、播客的RFM也是一样。

可以让你维系会员的也不只E-mail，LINE也可以，Meta粉丝团也可以。当我们看到某一个会员的时候，你心中应该会浮现他大致的RFM分数，然后给他相对应的内容（或产品）。如果给错了，不但效果不佳，还可能造成反效果。举例来说，一个已经两年没开过你信的人，有天突然收到要他买你产品的邮件，他不但不会买，还会认为是垃圾邮件，伤害你的寄件者信誉（sender's reputation）。对于一个两年没看你东西的人，要寄给他的邮件应该是："抱歉打扰了，你会收到这封信是因为两年前你买过我家的产品，想问你用得好不好？我们最近有升级版，若有兴趣，可以点此。"可以是诸如此类的"重新认识""唤起记忆""想起你是谁""为什么要重新听你说话"等内容。但在此之前，你必须有办法真正识别这个人的RFM分数，才能"见人说人话"。

同样地，RFM有三个英文字母，如果让我再简化，我会简化成一个字母——R。简单地说，有R才有F，有F才有M。R才叫真正的retention。贡献度最大的会员，就是在半年内积极参与你内容的人。如何确保他的R很健康，让他常常来，并紧紧follow我们呢？我觉得E-mail、Meta、Podcast、YouTube、Blog、LINE都很重要，发展顺序也是如此。

2 我的“订阅制”的过去、现在与未来

大概四五年前吧，我想开始简化我的工作。我当时年收入介于两百万至三百万元之间，我身兼多职——顾问、博主经纪、软文写作者，而且大部分工作时间还用在和我的工程师伙伴开发一个网站上（结果后来没上线）。我有时候下午6点先回家帮小孩洗澡、讲故事陪睡，明明很困但还是要回公司和伙伴加班，天亮后两人互看对方的眼睛都是红红的，苦笑一下，然后一起去吃早点再回家。

有一天到家，天空刚露鱼肚白，估计早上5点多吧，我终于躺回我女儿身边。她见到我回来，给了我一个大大的微笑，然后又继续睡（可能是在做梦），我心中突然有个念头：这个微笑多美啊！要是我再也看不到怎么办？我开始觉得自己真笨，工作哪有健康重要。于是从那天起，我再也不加班，彻底从一个半工作狂（结婚前是全工作狂），转变成一个随缘、随兴工作者。但收入怎么办？不能因此减少啊，

如果我每年想要赚300万元，那我该如何简化到只做一件事就可达成目标？于是我想，干脆每个人每天付我10元，我若能找到1000个相信我的人，我的年收入就是3650000元。我当时还在Meta上问大家：“如果每天给我10元，你希望我给你什么？”各种正经或搞笑的答案都有，但其中最多人的意见是“给我超过10元价值的东西”。我的这个点子比很多的知识订阅制模式出现得都早，但就像我的众多点子一样，我并没有立刻将其付诸实践。

2017年11月，我的专案在PressPlay上线，那时我刚好在美国“充电”，我一开始对其抱很大期望，信心满满，订阅人数一开局冲很快，毕竟这是我第一次在线上收费，我的铁粉们很快就买单，订阅人数最高时期有40～50人。我保持每周2~3篇的更新频率，把我的课程一点一点发布出来。我告诉自己别花太多时间在上面，因为收入渠道有很多，若之后有起色我再来好好经营。

然而，你不花时间，就没有对等的收获，PressPlay每月退出的人数比加入的人数还要多，理由不外乎是“内容不符合期待”和“没有时间看”。前者的含义很广，有可能内容是真的不符合他的期待，又或者他就是觉得内容烂。但内容本身不烂啊，我这门课已经上过多年，学生们的反响都很不错，所以我想继续观望。PressPlay本身已有众多愿意为知识付费的人，如果营销得宜，应该可再拉高订阅人数。

结果并没有，我的订阅人数始终上不去。如果我自己在Meta或电子报中用力打广告，也许会有一两人加入，但退出的人始终较多。我去分析这些退出的人，多数我都不认识，他们都是因PressPlay而来的人，看了一两个月就不看了，因为他们觉得内容不符合期待。

在我加入PressPlay满一年后，我已经想放弃对这里的经营，一是因为表现不如预期，二是因为我的课程内容已经用光，我必须花时间写新的内容，但这违背了我当初加入的初衷——不花时间经营而有额外收入。我研究这里第二年的客户行为，发现还是老问题，会持续订阅的人都是我的铁粉，进进出出的人都是我不认识他们、他们也不认识我的人。至此，已经尝试了一年半，虽然我也常在Meta上推广，但一直找不到最佳平衡点，订阅人数和我期望的成绩相差很大。我想，既然会持续订阅的人都是我的铁粉，那我为何还要借助平台的力量？所以我决定创办完全订阅制。

Kevin Kelly说，每个人只要有1000个铁粉就可以生存，所以我的终极目标是订阅数达1000人，年收365万元。我要如何达到订阅数1000人的目标？我不指望一步登天，而是分三阶段来做，每阶段订阅数是100、300和1000。第一阶段，也就是第一年，我的目标是100人，然后尽可能照顾好这100人，让他们变成开心又满意的客户。第二阶段，从第二年开始，我请他们介绍3个朋友来加入，我的年费会增加到4650元，我一样拿3650元，但推荐人可拿1000元，也就是我采用联盟营销制，让这些满意的客户每介绍1人就可以赚1000元。联盟营销成功的前提是产品好、流程少、奖金高，如果第一年大家觉得产品好，从第二年开始，订阅者每成功推荐1人就能赚1000元，这个服务就变成“你不但能学到赚钱的知识，你还真的能赚到钱”。第三阶段，到第三年，如法炮制，我请300个订阅者推荐本服务给他的3个朋友，然后可赚推荐奖金，顺利的话就可达成订阅数1000人的目标。

那超过1000人之后要不要继续收？你可能会想，当然继续收啊，干吗限制人数，有人会嫌钱多吗？其实不一定，要看当时的情况，比如经营1000个铁粉得花多少时间？是不是该请员工来做客服？我会不会有新的赚钱点子？等等。

如果你是一个专业人士，把你的知识分解成一套学说，再通过订阅制来变现。我认为每个人都可尝试，最大的问题是你的观众在哪？你如何把陌生网友养成付费铁粉？这需要花上一段时间，但这样的培育是不会浪费的，只要你做得正确，有策略，3～5年后就会有一定的成绩。我每次都这样反推，如果我10年后要有1000个铁粉，我每年只要有100个，每个月只要有9个，每3天只要有1个就好。你有办法在3天内搞定一个人，让他变成你的铁粉吗？例如用心回答他的问题，给他无微不至的关怀。然而，这是“土法炼钢”、极端没效率的做法，还有很多比这更有效的做法。

5年前，我提过一个“十年计划”：我要在5年后出一本实体书，定价280元，扣掉成本加邮费，每本利润取200元，在网络上直接卖给1万个铁粉。而后每年出1本书，每年净赚200万元。我每年尝试增加1000个铁粉，在10年后达标。

我的“完全订阅制”则是我的“新十年计划”。目标是达成订阅数1000人，每人每年我赚3650元，年收365万元。这两个计划既不冲突，又可互补，若一切顺利，200万元＋365万元＝565万元，扣掉100万元的人力和其他成本，我依然可赚400多万元，而且我的工作就只有写东西而已。

我很诚实地讲出我对“完全订阅制”的期望，也希望对各位有所启发。我认为“订阅制”的学问很深，未来会有很多的变形，也会有人像我这样选择自己来做，已有足够多铁粉的人不妨试试看。然而，对多数人来说，聚集观众还是首要任务，但至少要可以看清目标在哪，才可以以终为始地反推回来。

3 追求参与度，而不是数字

“Numbers don’t lie.”。（数字不会说谎。）这是一句耳熟能详的话。没错，很多时候，数字越大表示这东西越好，但衡量一个东西好不好，数字绝对不是唯一指标。有什么指标能够评断这个网站或帖文好或不好吗？有，其一就是“参与度”（engagement），而参与度的重要性，绝对不亚于数字本身，甚至在许多方面，它是最高指标。

举例来说，A君有2000个Meta好友，每发一则帖文，平均只有20个赞，那么A君的参与度就是1%；B君有1000个好友，但平均有100个赞，也就是B君有10%的参与度。以Meta的运算逻辑来看，B君的发文品质可以不断提高参与度，即使好友数比较少，在一般情形下，B君的账号品质会比A君好，未来发言的触及率就会比较高。Meta粉丝专页如此，其他社交网站运算法亦同。细化来说，点赞只是参与度的一部分，更优的参与是留言或分享。想象一下你是Meta的工程师，A账号虽有5000名好友（或5万粉丝）但留言和分享都不多，而B账号虽然人数不多，但“每PO（发布）必爆”，每则帖文都被大量分享，留言盖高楼，你其实很容易判断哪个账号比较厉害，更能促使网友分享，延长停留时间、增加进站链接的点击量，对Meta的贡献比较大。于是你主动把该账号的触及率提高，请他多多发言。

E-mail开信率也是同样道理。假设某人寄了1万封信出去，只有100人开信，那就只有1%的参与度，Gmail其实很容易判断这是无用的内容，把它归类进垃圾邮件。如果是朋友寄给朋友，或是老板寄给员工，这样的邮件都是寄送人数低、开信人数高，参与度不是100%，也几乎有八九成以上，所以这当然是一封重要的信，于是Gmail“使命必达”。

Google的SEO亦同。如果网友进站看你的文章，没有一下子就跳出去，反而停留很长时间，而且还点了文章内的一些链接，或是将网址分享到社群网站上，Google就可以很容易判断这是一篇“好”文章，于是让它在SEO的排名上升。

不管哪种运算法或系统程序，参与度越高，该内容越好，这是基本逻辑，因此对我们创作者来说，不能只停留在“数字层”，例如一篇文章有多少人看、网站有多少日流量、Meta帖文有多少个赞等，还要进一步去思考“参与层”，让网友不仅看你的内容，还会参与你的内容。

如何让网友多多参与你的内容呢?

（1）小游戏

不少人应该玩过Google Doodles的小游戏吧。逢年过节的时候，Google会在首页上架一些小游戏，让你可以玩，这就是互动。连Google都需要网友参与了，更何况是我们这种依靠读者关系过活的创作者。

（2）网络直播

某次我看某政客的Meta直播，我进去时观看人数是4000多人，然后10分钟不到，观看人数冲到11000人。当然，Meta的运算法帮了很大忙，系统判定这是好的内容，于是让它触及更多人。当你在直播时，如果网友互动很高，例如有人留言、分享，那你的直播就会有越来越多人看。

（3）小测验（Quiz）

国外很流行用小测验来做网站首页，让初次造访网站的人先回答几个简单的问题，然后一步步引导他们认识这个网站或产品服务。这些站长的想法是，若访客愿意花时间回答七个题目，就有很大的概率会留下自己的E-mail，让他们可以提供后续服务。其中，有些小技巧可以使用，例如健身教练可以询问性别、年龄、身高、体重、运动频率、运动方式、压力程度等，然后依照访客的条件，推荐适合的内容或产品（纵使产品可能没几个）。你感觉有被“量身定做”，但其实只是掉入心理游戏的圈套，因为你与之互动过，所以比较相信这个网站。

（4）投票

这招很传统，但依然有效，让网友选边站，展现他们的个性。最好是题目有趣，让他们想知道票选结果，然后你就以发送结果为由，顺理成章地要E-mail。很多产业报告就是将大规模的投票变成市场调查，关键在于题目设计。想想那些每天我们在Meta上玩的心理测验，如果这些网站有做数据分析的话，他们可以公开一份报告，显示“75%的女性爱玩×××，45%的男性偏好玩×××”等。这种参与方式简单快速，还能为内容加分许多。

（5）Q&A

这最快速又好用，还对SEO有利！问网友有没有什么问题，然后你去一一详细地回答，这不仅可以培养铁粉，还可以不缺可供交流和讨论的“梗”。Q&A可说是网络创作者必学、必会、必熟练、应大量使用的一招。

（6）抽奖

这会提高互动率，不过若引来抽奖水军，这样千篇一律的留言“我爱博主，我来抽奖+1”不一定是好的参与。系统很容易判断这是没营养的互动，而且你还增加了人力负担和金钱、时间成本。这应该算是提升参与度最后的选择。

（7）论坛／聊天室

现在还有人在玩论坛吗？我会提问并不是在嘲讽，而是认真思考，在现今的网络时代，论坛是否还有存在价值？以前的网络时代，论坛真的是非常好的一种形式，大量的互动、大量的UGC（用户生成内容），也成就了巴哈姆特、Mobile01这类公司。不知道大家怎么想？

4 面对网络上的恶评、挑衅、算计等负面反应

（1）影响力越大，负评就越多

有人的地方就有江湖。俗话说："人在江湖中，哪有不挨刀。""挨刀"是稀松平常的事。首先要知道的是"被人攻击是好事"，虽然心里会很难受，但这表示你说的话有人在听（这很重要），而且他们听完以后还会想回应你（这更重要）。只要想想我们自己每天忽略多少内容、无视多少人，你就会发现，我们写的东西有曝光度，还有人对此有感而发，是多么珍贵的一件事。

私下认识我们的人不太会指责我们，朋友的朋友（点头之交）也不太敢放肆地骂你，网络上谁会骂你、嘲讽你？只有那些生活中没见过你、不认识你的人，才有可能会骂你、嘲讽你，因为他们只能通过你写出来的东西，片面地臆测你

是什么样的人，有怎样的个性和价值观。而且正因为在生活中毫无交集，他们才敢用力地抨击你，来展示他和你的不同，或是他高你一等的地位。

网络上很多大咖，把嘲讽人、骂人、攻击人当作一种社交风格，如果有天你被攻击到，我真心恭喜你，代表你晋升为一个“咖”了，因为你进入了他们的“观察名单”，言行举止都受到他们的“监控”，以影响力来看，你已经开始影响他们了，这难道不是一件值得喝彩的事情吗？

图6-1中间A圈是你的起点，你原本是默默无名的某网友，影响力仅限于你的现实人脉，再怎么发言失控，别人也不会在你的Meta上作反应，顶多就是取消关注而已。这里有两点要注意，一是你的现实人脉越广，你的社会经济地位越高，起点的A圈就越大，起初的负评就越少。二是如果你害怕被攻击，心里承受不了被不认识或不熟的人批评，那你停在这就好，优点是可以安然平和度一生，但若你想要影响力，例如有天你想在网络上卖东西，那你就要扩大你的网络圈，来到第二圈层。

在B圈，你有5000多个Meta好友，但可能只认识两成，其余八成其实根本就互不认识，就算见过一两次面，但毫不清楚对方的性格和价值观，只是点头之交。有人称这种关系为“弱连接”关系。说“弱”可能引人误会，因为你若想红，必须经过B圈，这是你“被看见”的条件。这些Meta好友是你直接触及的，所以通常也会是第一个向你发难的，但不至于太失控引发一场骂战。

到了C圈，当你有了一点点知名度后，很多人会开始关注你，多数是对事不对人，意思是他们对你提供的内容感兴趣，所以当他们发现你的为人有瑕疵、发言不当、行为不适的时候，就有可能指正你，或是攻击你。我们以较宽容的心态来看这件事，这也是好事啊！因为你可能因此变得更好，保持对事不对人，未来你在处理类似事情上，就可以取得多数人的共识（但这也不一定好）。

我常跟学生说，当你在网络上被攻击时，就表示你的影响力往外跨出了一大圈，终于让不认识的人看见了你的创作。虽然无法让所有人满意，但至少我们可以从中学习、改善，让未来的行为或发言更好。

到了D圈，表示你已红得发紫，网友开始莫名地追随你，甚至崇拜你，帮你“造神”。其他媒体可能会来挖掘你的故事，添油加醋一番，使你的知名度大增，成为某领域的指标性人物。

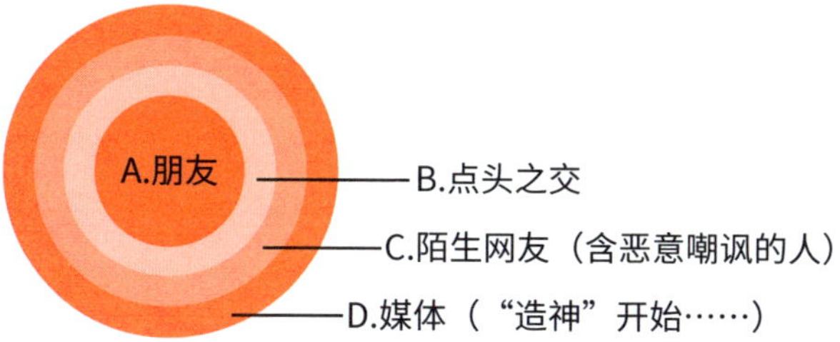

图6-1　网络影响力关系图

所有的“大神”都是从A圈开始的，也一定收到过成名过程中伴随的负评，因为这世界上就是有人见不得别人好，喜欢借由批评他人来满足自己，所以任你人再好、八面玲珑，说话圆融从不得罪人，当你的影响力达到C圈，你还是会遇上这些人。**我可以这么说，“影响力”和“负评”是成正比的，因为这些恶意嘲讽的人占总人口的比例是不会变的。**

（2）假如粉丝团里有人负面留言，该怎么做?

负面留言有很多种，不同种类有不同的处理方式。第一种是无伤大雅的，例如：“博主真是两面人”“博主不意外”“最好是我们都可以这样啦”“这摆明是软文”“说得这么厉害你去做啊”。这种很容易处理，你就回“谢谢指教”“感谢支持，下次我会改进”就好，大部分的负评都可以用“谢谢指教”的原则去解决。

第二种是理智地想要跟你讨论的。对方可能提出长篇大论，你知道他们的用意就是表现自我，所以你有两种做法，一种是“感谢补充”“下次我会注意”；另一种就是跟他讨论，展示自己的知识，让网友看好戏，还可从中学点东西。若你和对方能一直保持理智，这会是场有营养的讨论。

第三种是失去理智的。可能对方问候你亲戚之类的，这要看他有没有涉及人身攻击，若是没有，就让他去闹，不用理他，你的粉丝看在眼里，就当笑话看。若是他的言语有涉及人身攻击、毁谤、伤害名誉的话，看你的容忍度，可以截图搜证告他。经营网站事业建议与律师合作，他们可以提供法务上的专业意见。

大部分时候，留言都是不用删除的，因为你不是贼，不用心虚，留着给大家公开评论（若是良好的讨论，大家还有机会学习）。唯一要删除的是那些不堪入耳的辱骂，或是广告商的刷屏。

（3）被人攻击，心里很难过，怎么办？

这是累积影响力的过程。你感到难过时，可以去想“未来你可以帮助更多人，现在忍受陌生网友的冷嘲热讽，是为了要做更伟大的事”。而且这些嘲讽你的人真的认识你吗？他们是真心为你好，还是只是骂你图爽？如果是前者，那他们真的在乎你啊，还愿意把问题说出来，让你去面对问题，解决问题，你不就变成更好的自己了吗？如果嘲讽你的人根本不认识你，你也不认识他们，那你不理他们，不是才会让他们不爽吗？有些人是很无聊的，所以他们才会把自己的时间放在想尽办法攻击别人上。你冷处理，他们才真的会被气得够呛，然后轮到他们心情不好。

以前，直播中有人问我：“我被算计怎么办？”

我的回答是：“往前看，不要往后看，会算计你的人都站在你后面。”这里我再补充一句：“会扯你后腿的人，是因为你只领先他们一点点；若你领先他们够多，他们就扯不到了。”

弱者报复，强者原谅，智者忽略。

——阿尔伯特·爱因斯坦

我没做错事，但一直被某些人黑，怎么办？

相信爱因斯坦的话，最好的做法是忽略他们，然后他们就会慢慢从你生命中消失。

从大师身上学习营销个人品牌

赛斯·高汀（Seth Godin）

赛斯·高汀是许多营销大师心中的大师，宗师级的营销领袖。他一共出版了18本书，《紫牛》《这才是营销：只有学会看，才会被看见》等书红遍全球。赛斯以惊人的速度创作。不同于一般营销博客长文，他的博客内容篇幅都很短，有些人会故意说他写不出长文，问他可否把概念讲深一点，然而，他回答："这就是我的风格，如果你想看长文，请去看别人的博客，或是去买我的书。"他完全不受恶意嘲讽的人的影响。

他创作了7000多篇博客文章，撰写了18本实体著作，开发了9个线上课程，举办了1个营销工作坊，创办了1个线上大学，还收到了不计其数的演讲邀约。最可怕的是比你厉害的人比你还努力，他就是这么可怕的创作怪物！赛斯·高汀亲自示范何谓"个人品牌大帝国"。

5 打造社群的支柱——举办线下活动

当我们想要将陌生人转化为铁粉时，有没有什么每次操做都可以累积一定粉丝，不至于白忙活的方法呢？举办线下活动正是其一。假设你是某领域专家，你在网络上发表了一些专业文章，说愿意回答任何人的任何问题（在你的专业领域内）。你提供一个免费的面对面或线上咨询的机会，请教你问题的人只要请你喝一杯咖啡，你花一些时间，可能是1小时或2小时（看聊不聊得来），每3天排1个人，持续做下去，连续10年，就达成1000名铁粉的目标了！

以上虽然是一种极端的做法，但我们能从中关注到两个要点。第一，任何形式的线下见面会都是好策略，只要你有机会在他们面前现身讲话，亲近度就会快速提升。第二，一对一营销是最有效的铁粉养成术，虽然比较慢、比较累人、偏定制化、无法规模化，但在初期，在“雪球尚未开滚”前，这是很扎实的做法。就算你已走在消费者旅程的中段，一对一营销仍是强化粉丝关系的重要策略。你和潜在客户的距离越近，你越有机会表现自己，对方也越相信你。

没有感情，就没有社群。

人人都知道社群很重要，若把社群比喻成房子，主题就是它的屋顶，会员就是一砖一瓦，撑起整间房子的支柱就是举办线下活动。有人说网络缘都是非常浅的，所以若要了解得深入，见面是一定要的，而且见一次还不够，最好是固定时间见，线下活动不嫌多，只怕冷场没人来。任何主题、任何形式的网站（当然也包括博客）都应该办网聚，除非这网站或站长见不得人。不是说他们丑，是说网站的内容见不得人，例如内容农场或盗文网站。

我之前建立了一个运动网站，办了好几场网聚，与会者相互之间都聊到欲罢不能，甚至顾不上吃东西。大家平常只在论坛上交流，虽说品文如品人，但见面后才体会到真正的乐趣啊，大家对于MLB、NBA等职业运动有着无比的热情，难得遇到一样疯狂的同好，每次聚会都好不痛快！

经营EmailCash的那些年，我还办过电影欣赏会，用公司的营销预算包场让会员免费看电影。虽然这些会员我从来也没见过，但身为代表我需要致辞一下。因为大家是来看电影的，总不能跟他们一一握手，再嘘寒问暖一番，企业和会员间还是有距离感的。不过，至少这些出席的人，对EmailCash的黏性肯定比那些没来的人强，也认识了我，能看到几个真人在幕后运营这个网站，这对网站品牌绝对加分。

我连续好几年举办博主圣诞节聚会，目的是把彼此拉得更近，形成一股团结的力量去推动市场。在一个新兴产业中，若谁也不认识谁，不免会道听途说、以讹传讹，最好的方法就是通过聚会，让大家碰面增进感情。每个行业都一样，行业要进步，领头人们必须合作拟定一些标准或行规，让后进者得以快速融入，社交媒体圈也不例外。

要说台湾地区最成功的社群，我首推巴哈姆特。主题好、牌子老，最特别的是它每年在台湾大学体育馆举办一次网聚，每年都有上千人参加，这应该是台湾地区最大规模的网站聚会。我认为所有的网站不管大小，每年举办一次线下聚会是基本的，让会员期待年度盛事。电子商务网站可办线下特卖会，美食网站可办大胃王比赛或B级美食日活动，瘦身网站可办线下运动会，财经网站可办大师解盘讲座，书籍或文学网站可办二手书交换活动等。任何一个网站都可以轻易找到相关话题来举办网聚，免费让会员参加，筛出网站的铁杆粉丝，对他们施与浓厚的感情熏陶，提高他们的忠诚度。

如果你经营的是大企业、大网站，举办线下活动的成效也许不会立刻显现出来，但相信我，这是使你从竞争中胜出，强化社群凝聚力很重要的一步。你一定要开始企划，逐年执行，把这些成本列入年度营销预算中，说不定比你到处买广告还便宜，让member get member，举办线下活动肯定是利大于弊。

别以为只有大网站才需要办网聚，其实个人网站、社交媒体个人账号也需要，依我所见，参与者的踊跃度不亚于中小网站的。以不同主题和形式网聚，例如旅游分享会、美食试吃会、二手衣拍卖会、年度亲子趴、键盘趴、摄影会等，参与者就是社群的中坚分子，你会需要这样的角色成为你忠实的跟随者，这样你才能成为领头羊。早年我们玩论坛，会把发言质量较好的账号提升为版主，每次网聚时这些版主会感受到他们是网站的重要人物，参与积极性大增，发言质量变得更好，而且处处为网站着想，一起思考未来的方向，他们的意见极具代表性和建设性，当你不动时他们都会推着你动，监督你、建议你、鼓励你，当你遇到困难时他们也会帮你想办法，你说你不开心，他们也会安慰你，如果这不是感情，那什么才是感情?

所以想打造社群，请从感情方面下手。有什么方法能让网站和会员建立起感情，拉近双方的距离呢？举办线下活动正是一个有效的方法。YouTuber为什么红得比博主快，正因为大家看得到他，而且常看到他。你曝光量越大，大家就觉得你越红，也就越信任你。非YouTuber在这点上就比较吃亏，所以我们必须办线下活动来补足。

你想办线下活动，但担心“万人响应、一人到场”，这样不是“窘”了吗？我提供三点意见让你安心。第一，每个人都是这样过来的，旅日博主酒雄在多年前办旅游分享会，只有8人到场，除掉他自己、他女友、我，还剩5个人，但现在呢？场场满座，所以一开始人少没关系的。第二，就算最惨只有一个人来，那等于一对一咨询、聊天、喝茶，是一对一营销啊，至少还赚到了一个铁粉，没有空手而归。第三，连一个人都没来，就只有你自己，这样还是有好处的！那就是你有了办活动的经验和记录，虽然没人可以跟你合照，但外界可能并不知道没人到场，他们只知道你曾经办过网聚，想着下次有机会再去看看好了。而且，你还可以写一篇名为“空无一人的网聚，你参加过吗？”的文章来揶揄自己，应该下次就会有很多人来笑（看）你。

你也不一定要自己主办活动，也可以去参加别人的，至少省下不少筹备活动的费用和时间。你在活动现场多去社交，在别人场子为自己造势（但记得不要太抢主人风头），为自己多添几名铁粉。每天都有读书会、试吃会、签书会、摄影会、二手物品拍卖会、电商新品发表会、“一起去海滩捡垃圾”等活动，不妨勤快点去参加吧。

6 建立社群的情感羁绊

建立社群，可以从会员黏性、再访率、互动率、停留时间，以及最重要的贡献度等方面凝心聚力。

Google Plus刚上线时，不管在功能或界面上都赢过Meta，而且无广告，还跟Google其他服务高度整合。每个人都有Gmail账号，不必重新申请Google Plus账号（Google Plus可用Gmail登录）。一开始Google Plus气势如虹，感觉把Meta的社群市占率抢下来只是时间问题。每个人都在谈论Google Plus，曝光度和开通率完全不是问题，但为什么始终敌不过Meta呢？很简单，因为我们在Meta上的人脉关系网已被编织得牢不可破。我们的朋友全在Meta上，纵使这地方有些弊端，我们也无法全部、同时“移民”，我们被此处的“情感之网”羁绊住了，绵绵密密，寸步难行，大家都懒得动，所以原地聊就好。Google Plus的失败是因为忽视人的情感面，社群除了要具备核心价值、硬件设施外，软性的、感性的、情感面的设计才是关键。Meta的最大优势在于会员和会员间的情感羁绊，当某社群会员之间的感情越好，该社群就越不可能被取代。

我们该如何制造羁绊，编织一张绵密的情感网呢？试想：你觉得感情是如何产生的？如何升温，如何深化，如何变得坚定不移？

当然，面对面接触是最有效的方法。当你把时间轴拉长的话，考虑到客户终生价值，1名铁粉的贡献度还是会比100名点头之交来得高，也就是说，纵使速度慢，但稳扎稳打，稳定成长，这样的情感关系网才会牢固。而当网越编越大的时候，你可捞到的“鱼”就会越多，虽然可能有些小破洞，但还是可以大丰收。

我布置的每一班的课前作业中，有一题就是讨论培养铁粉的方法。以下是某一班同学的回答：

> **接触目标粉丝**、内容引发认同共鸣、持续内容产出、互动沟通。
>
> **让读者喜欢上我们这个人**。
>
> 提高内容可看性。
>
> 切中粉丝的需求、引起粉丝的兴趣。
>
> **高互动**。

持续发布含金量高的博客文章吸引粉丝，与粉丝**线上互动**，让粉丝参与线下**免费活动或收费活动**。

经常发文互动及发布触及人心的观点。

释出温暖与真心，当粉丝跟我的频率对上并能受益，就容易变成铁粉。

有互动，给好处。从粉丝变“钢丝”！

与粉丝**常互动**，撰写的文章主题保持一致（例如专注于美食或旅游，不跨足太多领域）。

稳定产出有自己个性、优质的文章，真心诚意地分享，找平台多处曝光。

创作内容容易被搜索到，且简单易懂，让人能轻松找到有用的资讯。

写铁粉想看的、有需求的内容，而不是自己想说的内容。

唯有看到粗体字我才会加分，因为这部分才有可能产生情感的羁绊，虽然只有一点点。

其他部分，则是大家误以为可以培养铁粉的方法，例如经常发文、产出有个性的文章、内容容易被搜索到、释出温暖与真心等。这些你以为的付出，并不会得到情感的交流，纵使你写得再专业、再实用，人家也只是把你当成工具书，去满足他们的需求而已，他们对于你这个人还是无感的。这解释了为什么很多创作者其实没什么料，写的东西也不怎样，但因为他们善于接触人群，所以铁粉还比你多。铁粉比你多，就表示赚钱比你更容易、赚得比你更多。个人品牌的最终目的是产生影响力，足以撼动社会的影响力，而其中必要的条件是拥有足够多的铁粉。培养铁粉的前提是尽可能多地**和读者制造情感的交流**，进而用情感羁绊形成一个牢不可破的社群。你身为社群最大得利者，应以此为最高经营目标。

结语

千万、百万、十万、一万、一千、一百、十、一

（1）千万

我的野心已不像年轻时那么大，不再想要拥有很多员工，做征服宇宙的事业，我只求能够帮助我身边更多的人，能够维持身心健康。在目前一人公司的运营状况下，我算过自己的需求和能力，现在的目标是一年赚1000万元，假设我请厉害的工程师和视觉设计师共支出150万元，再找一个特助算50万元，网络工具费如主机费、E-mail营销费以及交通费、奖品和其他支出共算50万元好了，一年下来，我还有750万元的净利润，再扣掉生活费、学费支出，每月还有约50万元可花，假设我拿一半去投资，还有25万元可以自由地花。每次我们一家人去日本玩大概会花10万～15万元，也就是说，就算每月出国玩，生活还是挺宽裕的。

上过我课的人应该都看过表1：

表1　如何挑战年收千万

100万元	网站流量广告费，年收入100万元（台湾地区超过50位博主、200个以上的网站）	累积年收100万元
200万元	自费出版实体书卖给1万名忠实读者，每本利润200元，年收入200万元	累积年收300万元
365万元	订阅制会员网站，1000名会员，年费3650元，年收入365万元	累积年收665万元
168万元	企业内训讲师，每小时1万元，每次上课7小时，每月2次，年收入168万元	累积年收833万元
120万元	公开班课程，每人学费1万元，10位学生，每月一班，年收入120万元	累积年收953万元
40万元	联盟营销或团购，每月收入3.3万元，年收入40万元	累积年收993万元
7万元	出书	累积年收1000万元！

我们先从最底层讲起。之前我们见过许多“一书一事业”的外国人，在出书的同时到处去演讲，开线下班或线上班，或去企业当顾问，也就是说先吃下7万元，才有可能往上去吃40万元、120万元、168万元，然后也许出到第5本书之后，就可以再往上去吃200万元。当你的名气越来越大，产出的作品质量若能跟上的话，每一本书的读者都是累积的，到了后期，你甚至不需要渠道，粉丝就是渠道，你可以直接卖给他们。当初我自费出版的《网络强人会》的印刷成

本为每本20元，物流费为每本60元，一本书从无到有，从作者的头脑到消费者的眼前，成本是80元。假设每本我卖280元，一本就净赚200元。

最上层的100万元是通过吸收网站流量，让流量变现来获得的。在台湾地区已经有无数人月入百万元（从Google和其他联播网），操作流量是有方法的，我们看过许多人只冲一年多就能达到这境界，普通人也许需要3年。中间的365万元目标占比最大，也最难实现，你需要流量资源和专业能力的组合。去看看PressPlay上有多少年收三百万元的创作者，或是Hahow上有多少单课破百万元的讲师，你就知道这并非遥不可及。最后当你有流量、名气、观众，做团购也只是举手之劳，发个团购或联盟营销的链接罢了，40万元顺手放入口袋。

创作者／个人品牌的事业蓝图就是这样，这是我自己正在走的路。在此问大家一个问题：创业路上总有不如预期的事情，或因为自己懒惰想放松，若结果没有100%达标，达标率只有70%，你可以接受吗？又或者你更衰、更懒，达标率只有30%，你可以接受吗？

（2）百万

如果你是新手，还没真正地走在这条路上，在实现“千万蓝图”之前，你可能会想能赚一百万就不错了。有这种想法很正常，因为千万目标离你太远，超出可及范围。这样的想法也很正确，因为“百万”通常是人生的第一桶金，我们都是有了第一桶金之后，才发现这桶子还很空，会更有欲望将它填满。其实前面可以看到，有人只专心做某一项就年收千万了。我想说的重点是，在达成千万目标的路上，你要先主攻某一项，最好让那一单项先破百万，把它当核心事业去巩固，再跨界尝试其他的可能。达成千万目标的关键是，你是否可以在某一个项目上、主题上出类拔萃，至少实现百万年收。

上班族年薪百万算不算？多数不能算，如果你是少数可以下班回家后继续拼自己事业的工作狂，那就可以算。

（3）十万

这个数字的指标意义何在？我认为你每月的收入至少要到十万，先不管你是上班族，还是自己创业，也不管你用什么方法，什么态度，什么手段（在合法的情况下），每月持续收入要在十万元以上。以美国云端服务SaaS平台来说，

MRR（monthly recurring revenue，每月经常性收入）可说是最重要的指标，因为任何企业都需要健康的现金流、可预期的收入，以及最重要的累积效应。订阅制服务的威力就在此。假设你每月新增5个客户，12个月后你除了多了60个新客户，每月的旧客户也持续在累积，“旧的不会走，新的一直来”。这也是为什么电信公司抢破头要你去办他家卡号，因为一旦你办了卡，他们就多了一份稳定的收入。还记得我说的工作最高原则“Work Less, Make More”吗？你做的工作必须要有累积效应。

（4）一万

这个里程碑不是钱，而是你的观众数量。意思是，你有没有一万个观众。例如，YouTube频道的一万人订阅，粉丝团一万名粉丝，博客的一万“日PV”，Instagram的一万人追踪。如果有，恭喜你，你已经得到初步的“A咖”认证，想必已是小有成就，最困难的部分已经过去，接下来你要开始规模化，将数字变成现金（如果你还没有的话）。如果你还没有达到以上数字，没关系，一万还有另一个指标性意思：你是否有能力创作出一个被万人观看的作品。它也许是一个精彩的视频，也许是一篇博客文章，它在网络上被大量分享、转载、引用，大量流量涌入，也许让你成为某天的话题人物，或是突破同温层，认识一些新朋友，其中说不定藏有你的贵人。这两个意思到了后期，其根本是一样的，如果你有能力创作出一万人观看的作品，你的观众人数迟早会来到一万这个里程碑。

（5）一千

1000个铁粉还需要多做解释吗？如果你没有1000个铁粉的基础，上述的一切都不会发生。简单来说，每次你发表新作品时，无论内容是什么，会不会至少固定有1000观看数？大方点来定义的话，这可以是观众的总和，包括博客＋Meta＋Youtube＋Instagram＋E-mail＋LINE等，关注你动态的人有没有1000人？如果还没有，我在这里要不好意思地说，你连地基都还没有，是无法建筑任何事业在上面的。假设你有能力创作出一个“万人赏”的作品，但他们多数都只是过客，有多少会留下来继续看你呢？就算一成吧，所以我们反推回去，如何从0开始到1000名铁粉？你必须有至少10个“万人赏”的作品，而且间隔还不能太久。人群难聚易散，你无法抓住观众的口味，不知道哪篇会中。我们再抓一个比例，就是每10篇你尽全力写的文章（或拍的视频），有1篇会中，达成“万人赏”，也就是说，你可能要写100篇以上的文章，才会有10篇“万人赏”，然后留下1000个愿意继续看你的人。但你也知道，愿意看你的人并不等于你的粉丝，只要你一松懈，一停止产出同等水准的作品，他们就离你而去了，因为外面有太多好看的东西了。我大可以说，如果你还没有产出超过100个作品的话，是很难累积到1000名铁粉的。

（6）一百

除了表示100个作品之外，“一百”还有另一个指标性意思，就是会立即付钱的铁粉。铁粉和会立即付钱的铁粉不一样，比例我一样算10：1。铁粉也许某天会付钱，但100个会立即付钱的铁粉不一样，他们对你的爱是盲目的，不管你推出什么产品或服务，他们都完全信任，完全买单！如果今天我说我要出一本书，我还不知道要写什么，想买的人先付我280元，我写好以后会寄给大家，但我也不确定何时会写好，这一百人还是会付钱，姑且我称他们为一百壮士好了，因为他们永远冲在最前面跟随你。在你的1000名铁粉之中，有没有一百壮士呢？如果有的话，善待他们，他们就是你的“亲卫队”，你事业最坚实的核心。

(7)十

你是否有十个可以完全信任的朋友，那种你可以分享你赚多少钱，你怎么赚钱，彼此毫不藏私，没有心机，讲八卦也不会传出去的朋友？如果没有，请从你的“亲卫队”找，这十个朋友应该是你的智囊团，或是产品的焦点小组（focus group），会诚实反馈意见给你，真心帮助你的事业成长，不会眼红，不会在背后捅刀，大家一起成长，一个人起飞，带大伙儿一起飞。

(8)一

世界再如何喧嚣，朋友再怎么鼓噪，夜深人静时还是只有你自己和你内心的声音，不要勉强自己去做不符合自己性格的事。个人品牌的前提是“个人”，创作者事业的前提是“创作”，事实总是残酷的，这一行不一定人人适合，创业和当上班族其实都很好，兼职创业也是安全的选择，三者都应该亲自试试看，才能真正领悟其中的不同。

我们要乐观，抱着希望启程，但千万之路，万法归一，请扪心自问，你是那个“一”吗？那个最有决心毅力、最能坚持下去、最能追求专业能力、最能坚守信念的那个万中选“一”吗？

请不要再相信什么星座测验或人格分析，亲身去经历才是王道。当你的账户都快没钱了，你马上就会从双鱼座的梦幻变成摩羯座的务实，或是从“支配型”“分析型”到“无所不能型”，感受到自己人格上有多大弹性，各项能力大幅提升。很多人会未做先嫌，我觉得这很可惜，不要随意听信别人对其他人或事物的评断，因为在大象的面前，每个人都是盲人。除非是有生命危险的东西，否则即便尝试某件事但失败了，至少你亲身获得了别人拿不走的宝贵经验。

当你像我这样生活即工作，畅玩一人公司其实就等于畅玩人生，何来工作之烦或生活之闷？我想你也应该试试看，绝对值得走这一回，活出最好的自己。